大阪大学総合学術博物館叢書　3

城下町大坂——絵図・地図からみた武士の姿——

はしがき：殿様のいない城下町　江戸時代の大坂

大阪城は、現在の大阪の町のシンボルであり、最もポピュラーな観光地となっています。大阪城が大阪を代表する存在であるという意識は多くの人に共有されています。しかし、大阪城が「大坂城」と呼ばれていた時代について、私たちはどれほどのイメージを持っているのでしょうか。まず思い出されるのは、秀吉（1537-1598）や大坂冬の陣、夏の陣といった豊臣氏の時代です。たしかにこの時代は、現代の大阪の町につながる基礎をつくったという点で重要です。

ところが、豊臣氏の時代の大坂が、1583（天正11）年6月に柴田勝家（？-1583）に勝利した秀吉が入城してから、1615（慶長 20）年5月の大坂夏の陣の終了までのわずか32年しかなかったということはあまり意識されていません。その後、大坂は幕府直轄領として位置付けられ、豊臣氏による大坂城のうえに幕府直轄の城としての大坂城が再建されました。それにより、大坂城の城主は徳川家将軍になりました。

年表を見るまでもなく、夏の陣から1868（慶応4）年1月の大坂城明け渡しまでは、250年以上の長きにわたっており、それは江戸時代のほとんどに相当しています。しかし、私たちは、この間の大坂城での活動について多くを知らないのではないでしょうか。

大坂城は西日本最大の幕府の軍事的拠点として位置づけられていました。城であるからには武士がおり、城下町であるからには武士の存在がその中心であったといえます。しかし、江戸時代の大坂では、あまりにも武士が存在していたという印象に乏しい感があります。大坂といえば、「天下の台所」であり、商人の町と誰もが考えるためです。

この250年以上もの間、大坂城はどのような存在意義をもち、そこと大坂の町を舞台に武士達がどのような活動をしていたのか、また、大坂城がどのように管理されていたのか、という問いが本書のテーマとなっています。

こうした江戸時代の大坂の政治を特徴づけたのは、城下町とはいいながら、城に「殿様」が居住していなかったという点でした。大坂城には、将軍用の御殿はあったものの、ほとんど使われることはありませんでした。殿様やその家臣に代わって、譜代大名とその家臣や旗本が交替で勤務し、大坂城の警備やその他の政務に当たりました。また大坂の町は、やはり幕臣が交替で就任する町奉行が行政に当たっていました。これらを補佐するのが大坂地付きの同心や与力達でした。私たちのよく知る大塩平八郎（1793-1837）や高橋至時（1764-1804）は、そうした身分の侍でした。

今回、江戸時代の大坂で活動した武士達を調べて分かったのは、武士達が役を交替で勤めてきたという状況を反映して、現在の歴史資料のあり方そのものが他の城下町と大きく異なるという点でした。大坂の武士の活動を知るための資料は、その多くが大坂城代など各種の役職を勤めた大名や旗本家の文書のなかに残されており、大阪よりはむしろそれ以外の地域に存在することになりました。こうしてみてみると、これまでの一般的な城下町のイメージは、あまりにも外様大名の場合に引き寄せられたものであったといえます。大坂に武士が存在していた印象の乏しい理由のひとつとして、地元である大阪に資料が残らなかったからといえるのではないでしょうか。こうしたテーマの研究は成果が出始めたばかりで、今後も継続していかなければならないと考えています。

また、町人との接点からも武士の活動を追跡しています。この点を考えるにあたっては、当時、出版されて流通した瓦版、錦絵、武鑑といった資料を紹介しています。これらの資料には、絵として、また、絵図として武士達の活動や生活が描かれています。町人の生活に入り込んでいた武士の存在をイメージさせるものといえます。

江戸時代の大坂と大坂城は、このような点からすると、あらためてアプローチすべき未知の領域が多いフィールドであることが分かりました。交替で勤務についていた武士の屋敷や生活については、まだごく基本的なことしかわかっていません。本書では、こうしたテーマをみていくうえで、絵図という資料に注目しています。今回紹介する資料のなかには、初めて全容が撮影されたものも少なくありません。本書には、大坂城への行列を描いた「七日市藩主大坂登城行列図」や「松平忠優大坂入城行列図」、大坂城内外での儀式を図化した「大坂諸絵図」など興味深い資料を多数掲載しています。それらの資料の多くが多方面からの分析を待っているといえます。本書の刊行が、今日の大阪の町と大阪城について、従来とはちがう角度からながめる機会になれば幸いです。

図版の掲載に際して、つぎの機関が所蔵する資料について、使用の許可をいただきました。記して感謝いたします。

上田市立博物館、大阪城天守閣、大阪大学大学院文学研究科日本史研究室、大阪府立中之島図書館、学習院大学史料館、群馬県立歴史博物館、古河歴史博物館、国文学研究資料館、国立国会図書館、(財)大阪市文化財協会、福山市立福山城博物館、明治大学博物館　(五十音順・敬称略)

なお、本書に掲載した資料の中には、身分的差別に関する表現が含まれているものがあります。しかし、これも含め歴史資料として、差別が形成された経緯を解明し、その正確な理解を得るためには不可欠なものと考え、そのまま本書に掲載しています。この点について、読者のご理解をお願いいたします。

2007年12月6日

大阪大学総合学術博物館　鳴海邦匡
大阪歴史博物館　大澤研一
大阪大学大学院文学研究科　小林　茂

目　次

七日市藩主大坂登城行列図（部分）　1832（天保3）年　群馬県立歴史博物館蔵

図　　版

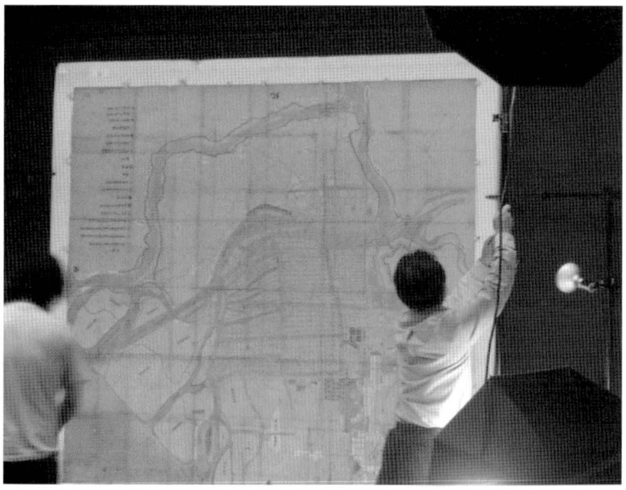

絵図の撮影風景（2007年10月、大阪歴史博物館内のスタジオにおいて）

本書に掲載した図版はこのようにして撮影しています。比較的小さな資料は床面に置いて撮影することができますが、大型の絵図の撮影は苦労します。絵図を壁面に貼り付けたり、カメラを上部に設置するなどの工夫をしながら、大判のカメラで撮影します。

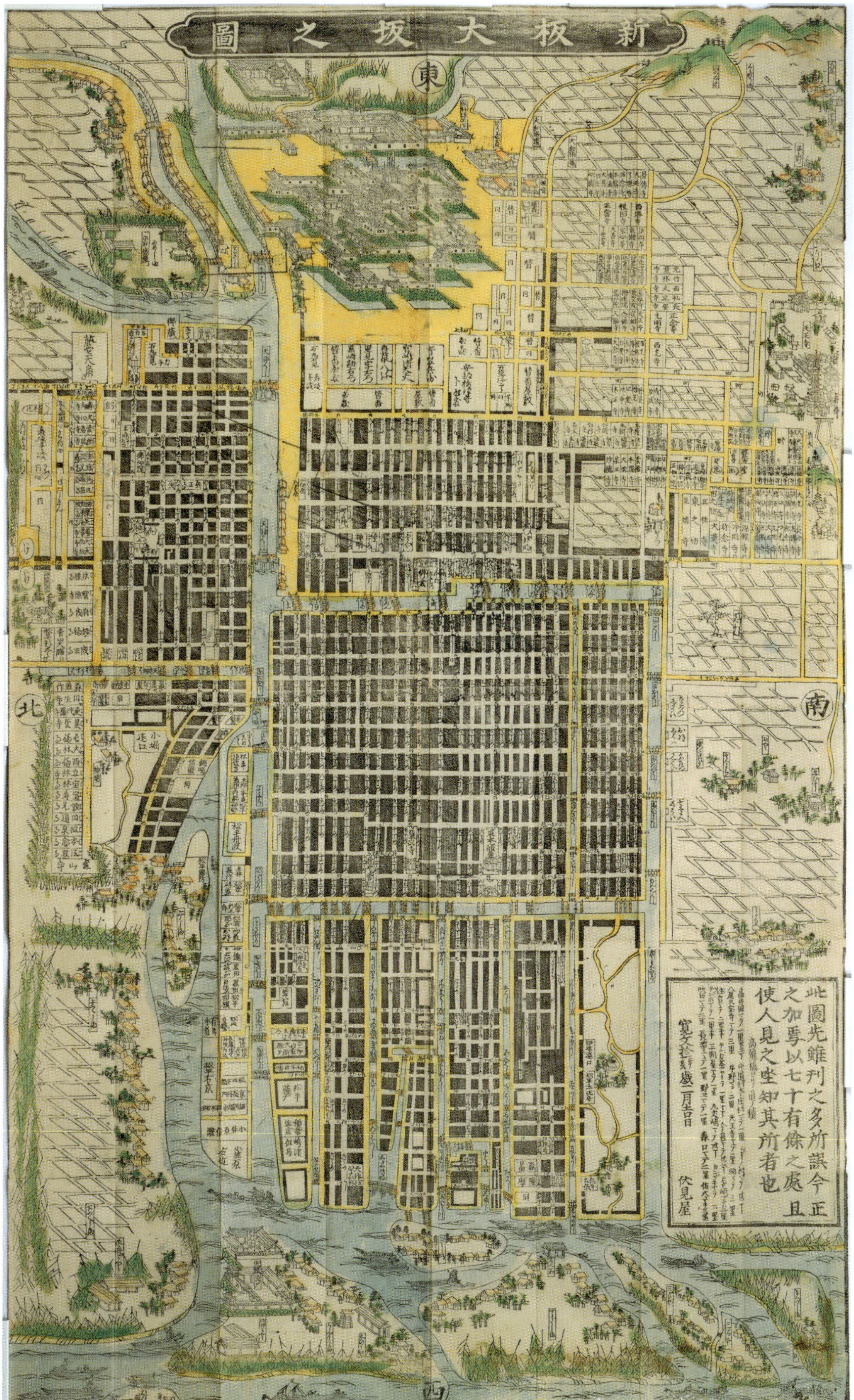

図1 「新板大坂之図」 1671（寛文11）年 大阪歴史博物館蔵

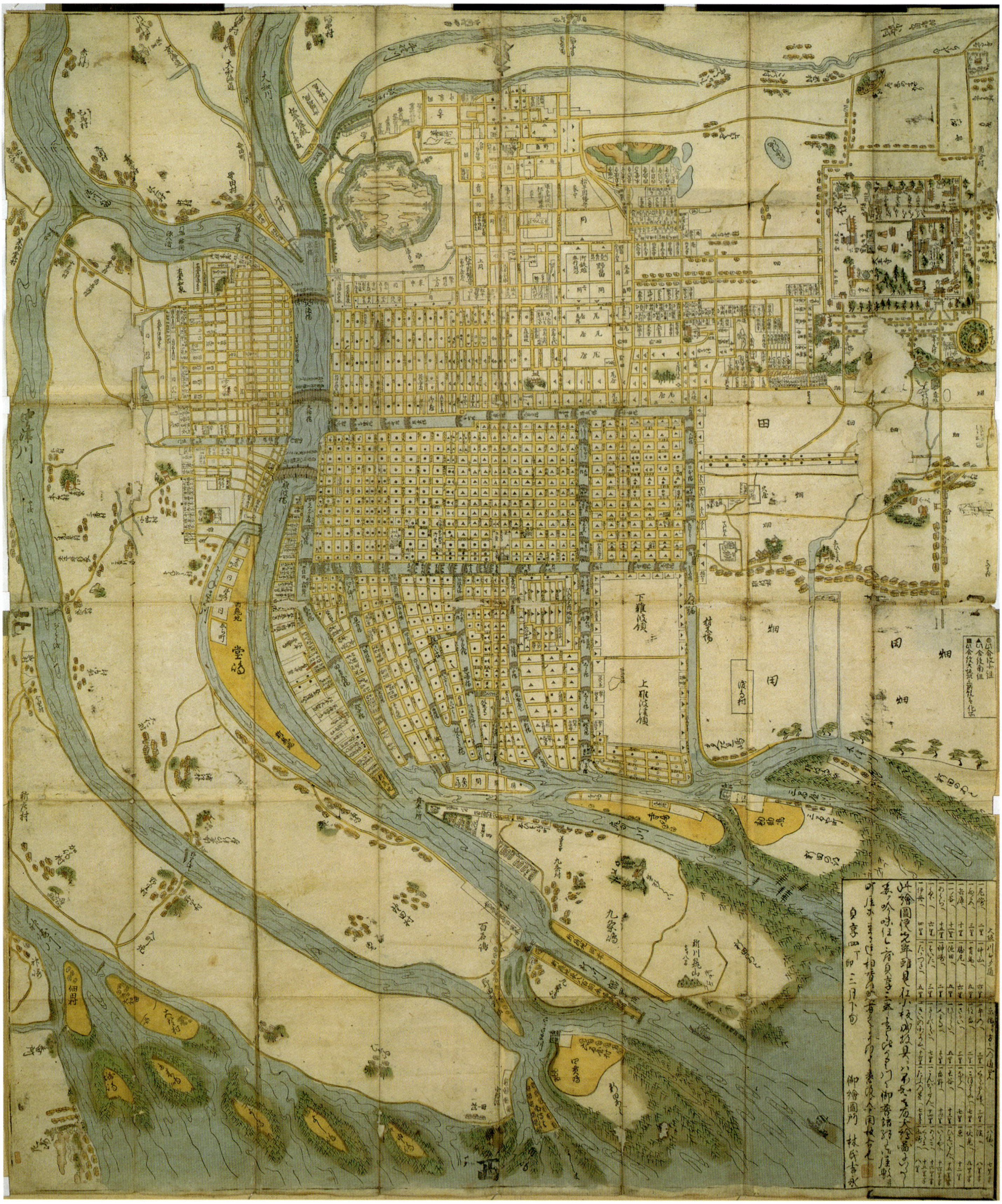

図2 「新撰増補大坂大絵図」 1687（貞享4）年　大阪歴史博物館蔵

図３　「大坂町中並村々絵図」　承応　寛文（1652-1673）頃　国立国会図書館蔵

図４ 「官正大坂図」 江戸時代中期 大阪歴史博物館蔵

図5「大坂御絵図」承応ー
明暦（1652-1658）
頃 国立国会図書館蔵

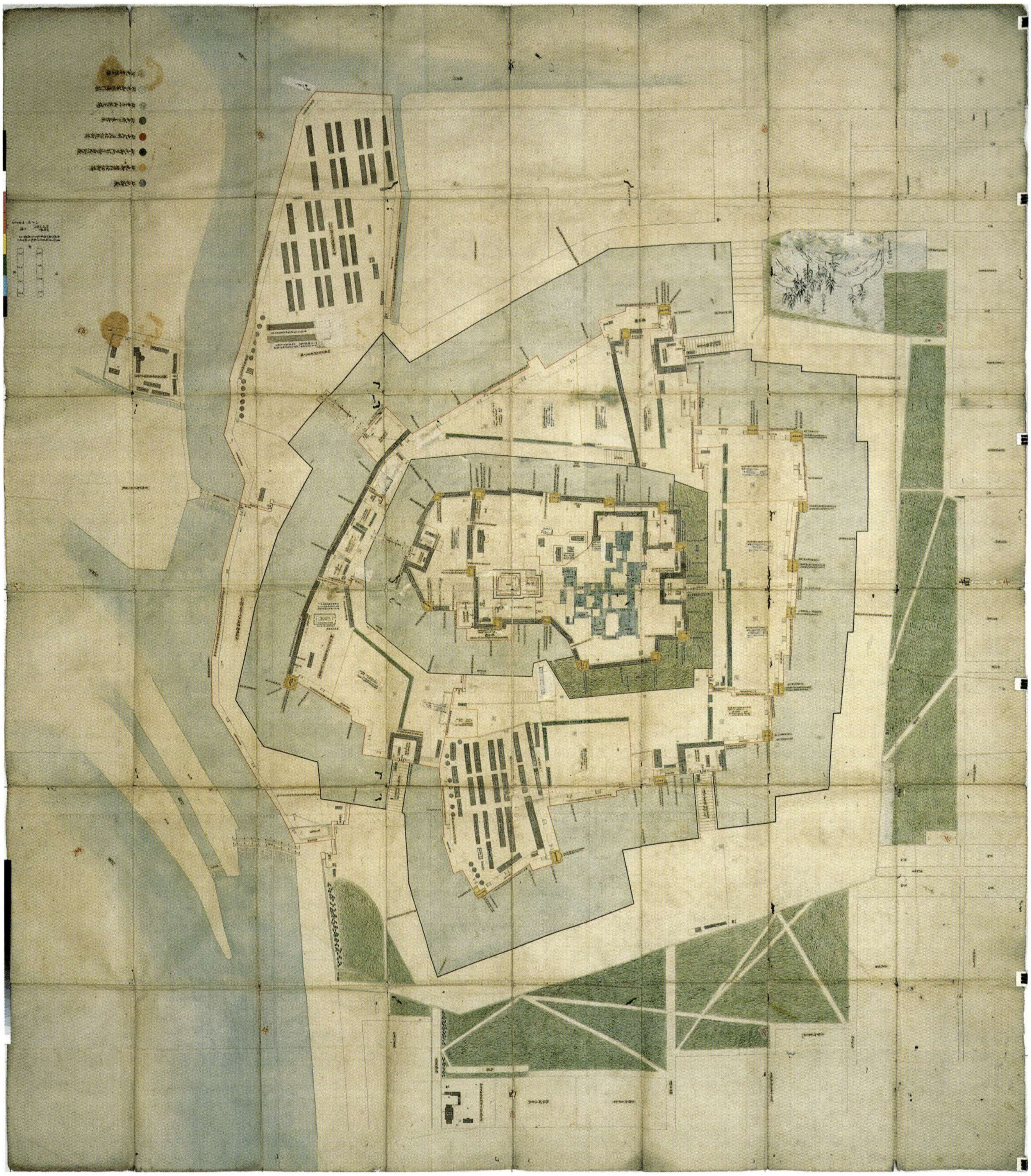

図6 「大坂城絵図」寛政（1789-1801）年間 大阪城天守閣蔵

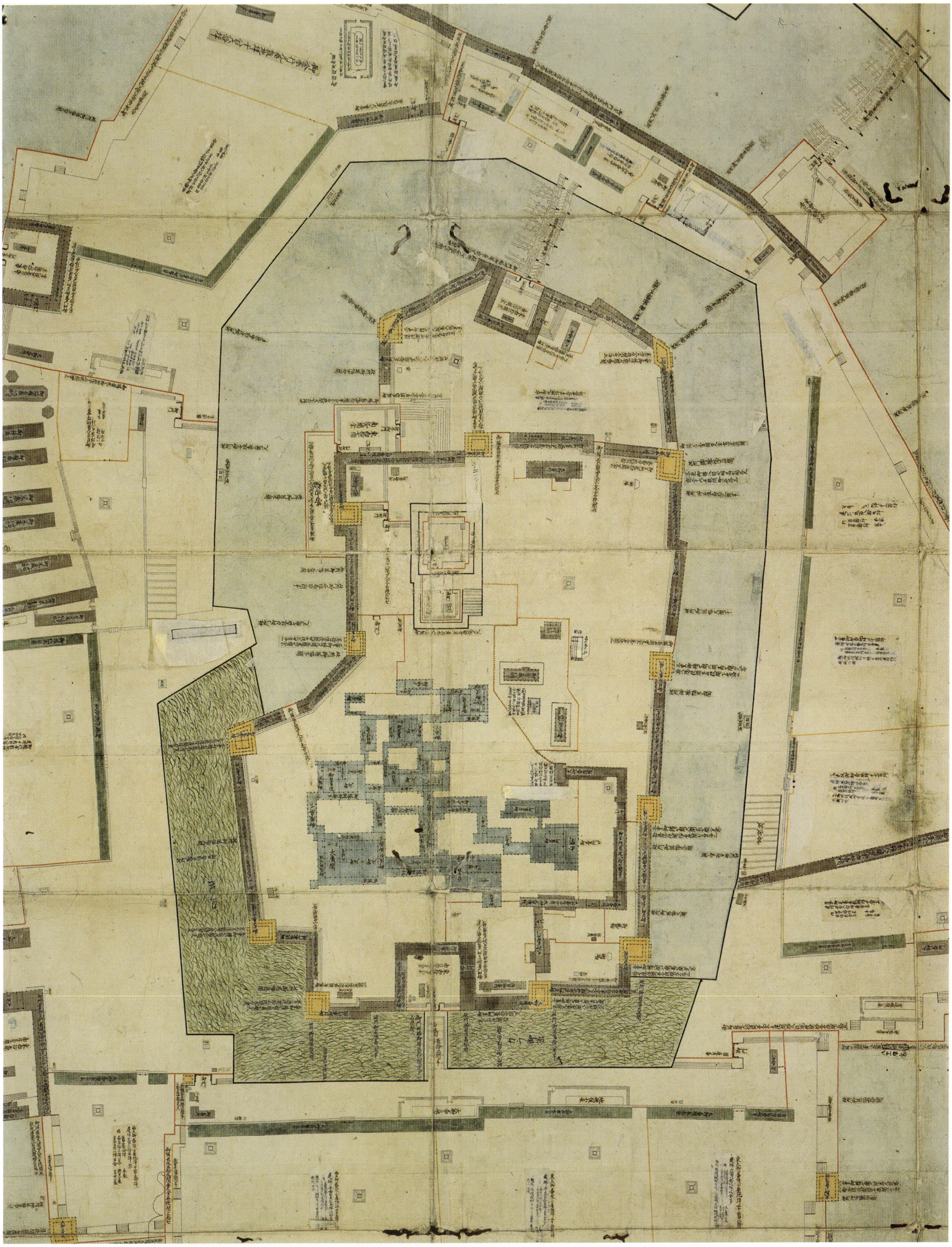

図６　「大坂城絵図」より本丸部分

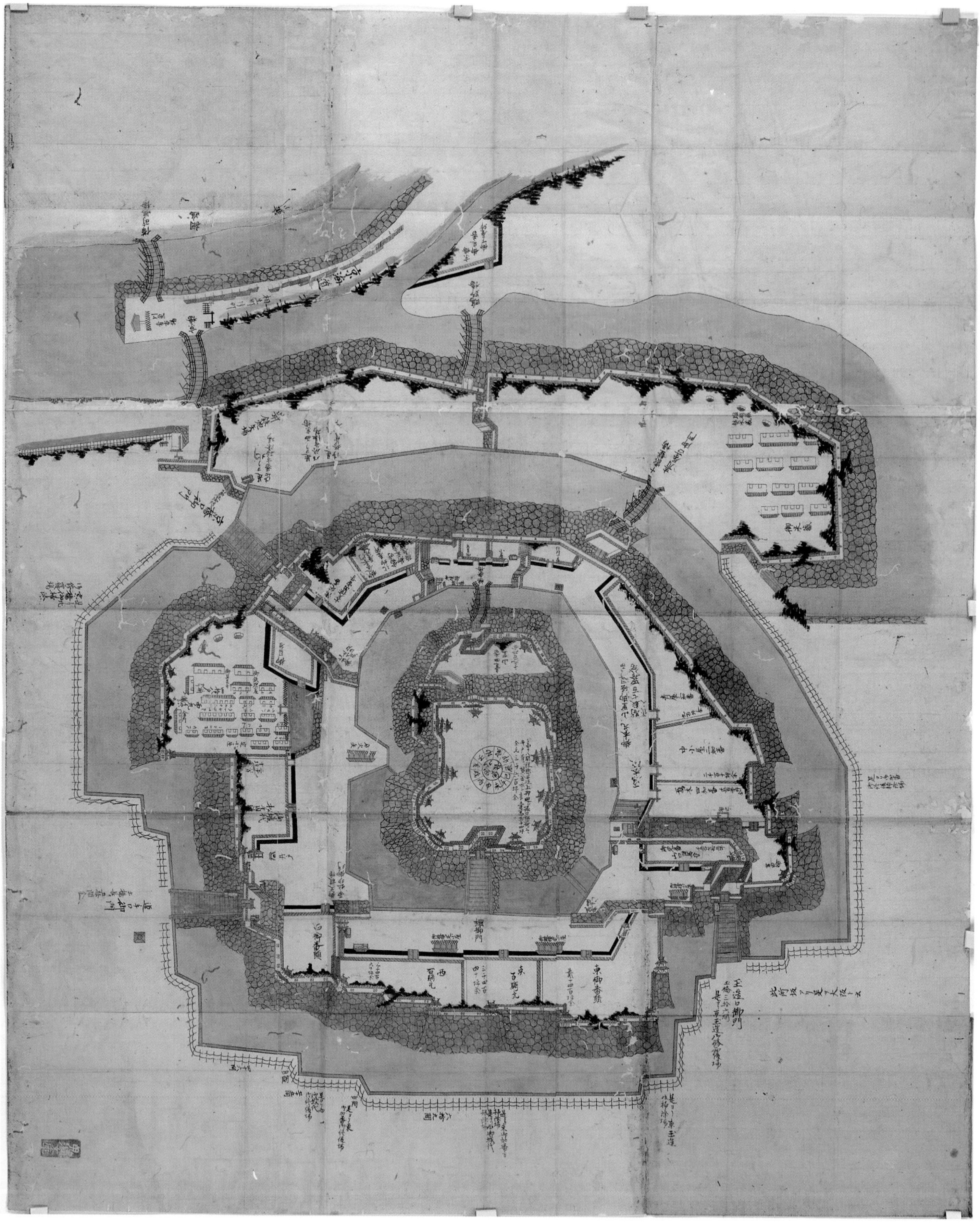

図7 「大坂城図」 宝暦（1751-1764）年間 大阪歴史博物館蔵

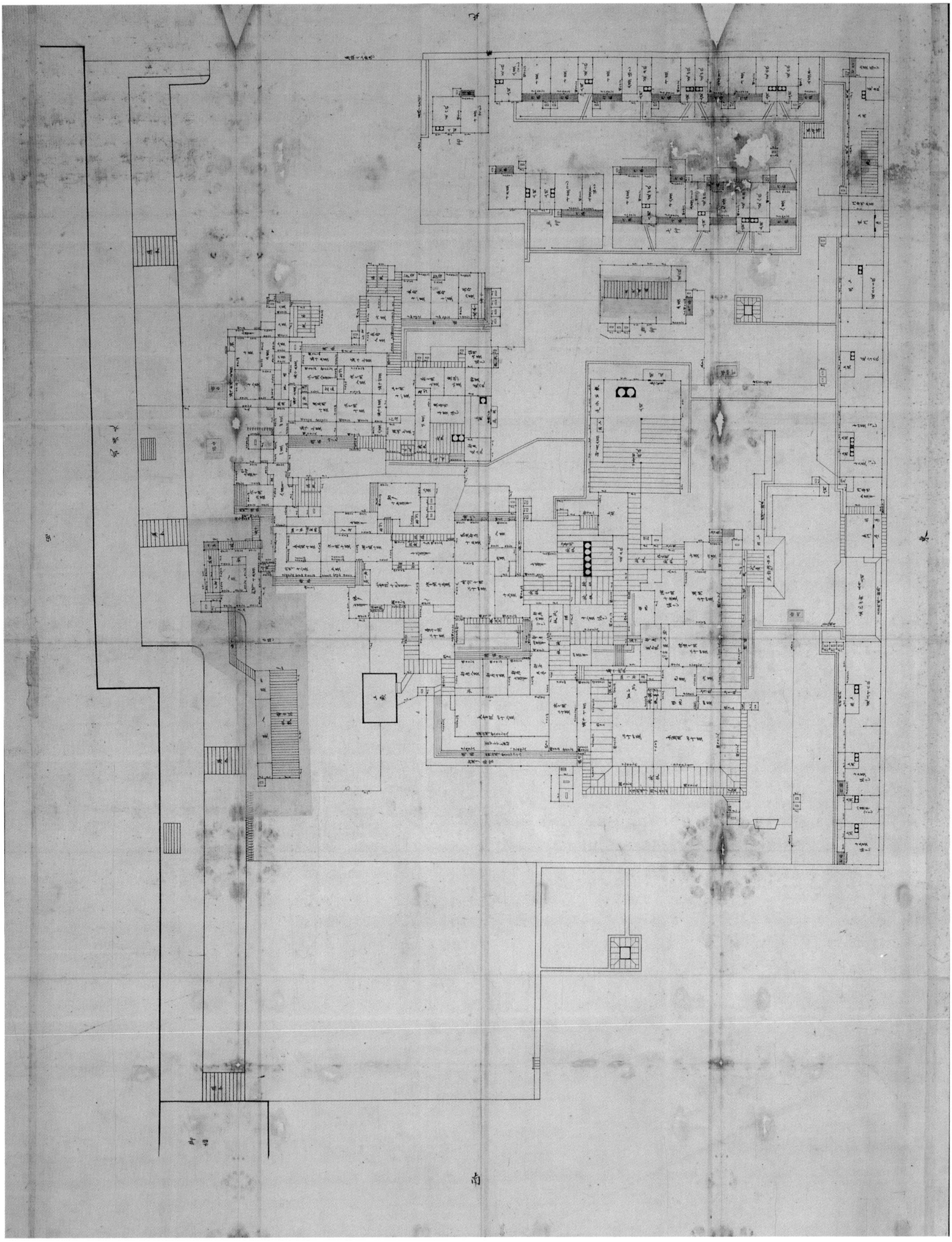

図８　「大坂城代上屋敷絵図」　江戸時代後期　大阪城天守閣蔵

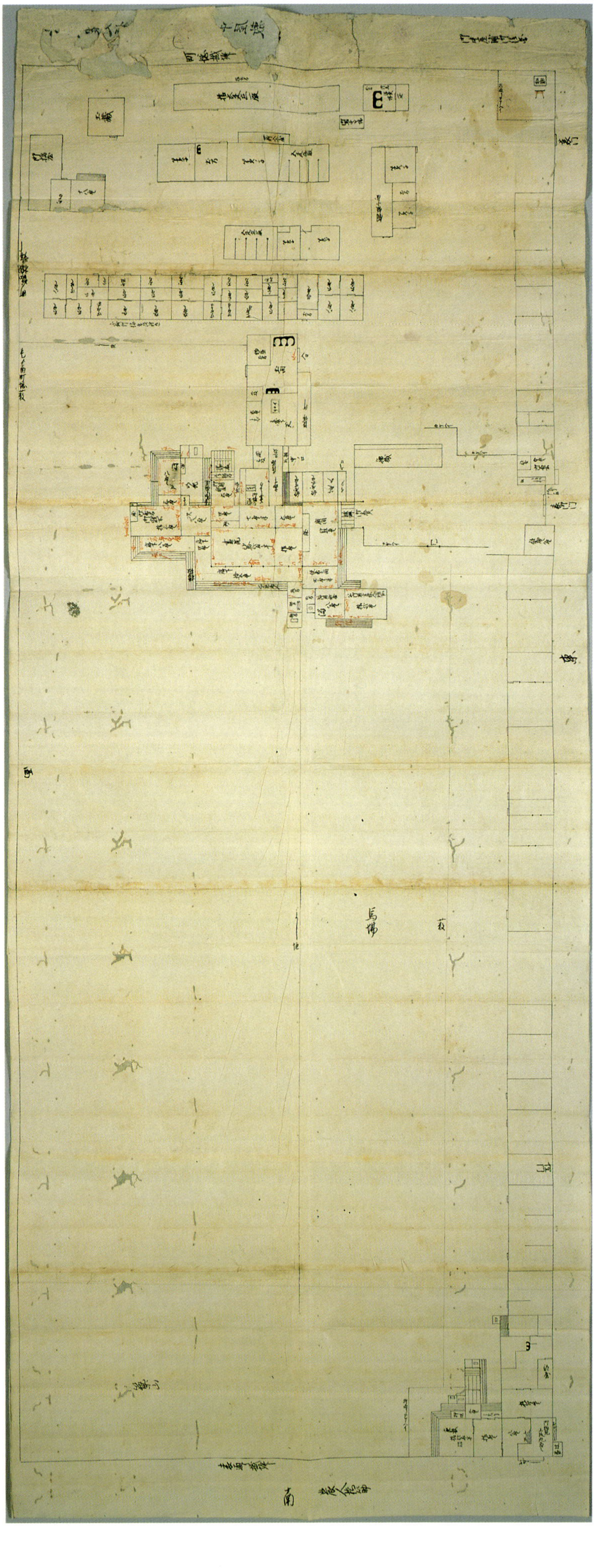

図９「大坂農人橋筋御城代御中屋敷絵図」
江戸時代中期
陸奥国棚倉藩主阿部家資料　学習院大学史料館保管

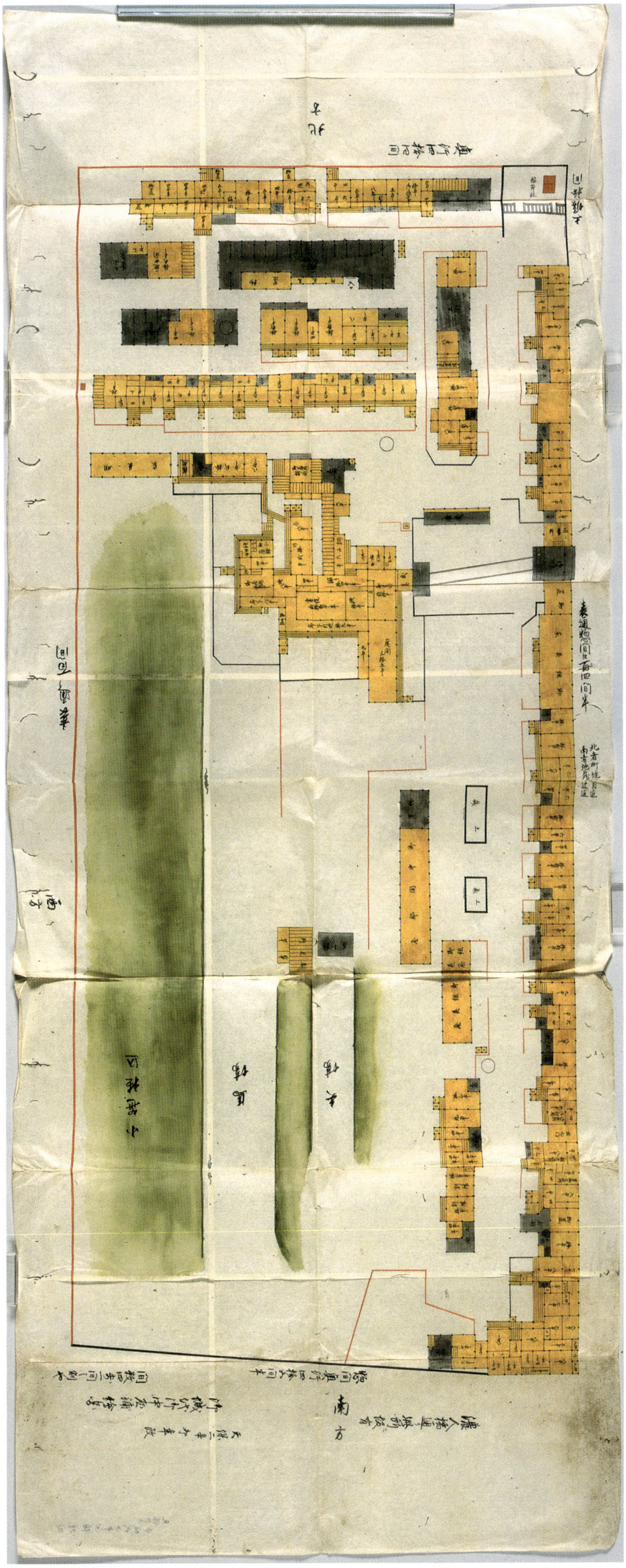

図10 「御城代御中屋敷絵図」
1831（天保2）年
鷹見家歴史資料
古河歴史博物館蔵

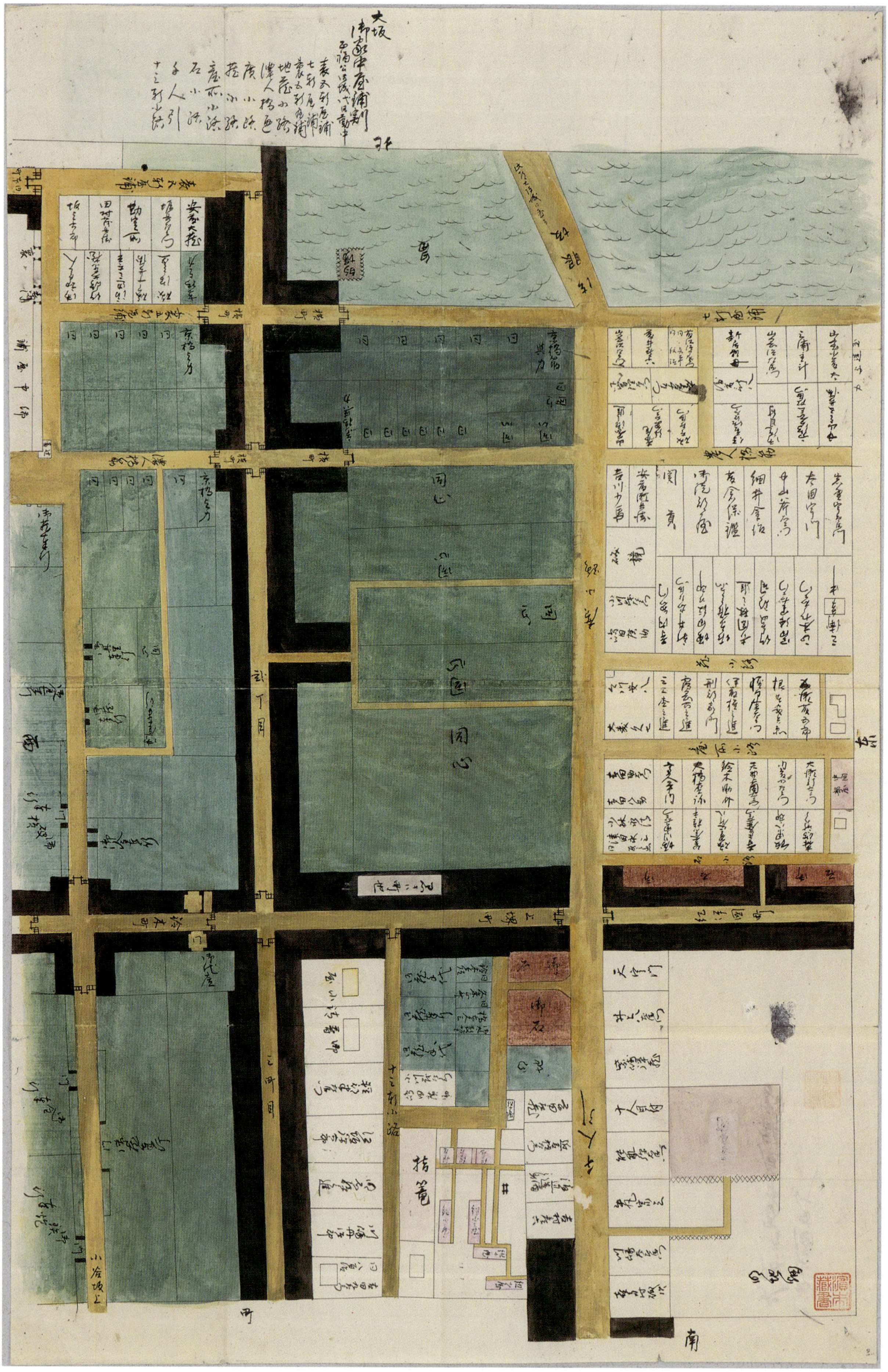

図11　「大坂御家中屋敷割図」 1745（延享2）年頃　濱本鶴賓文庫　福山市立福山城博物館蔵

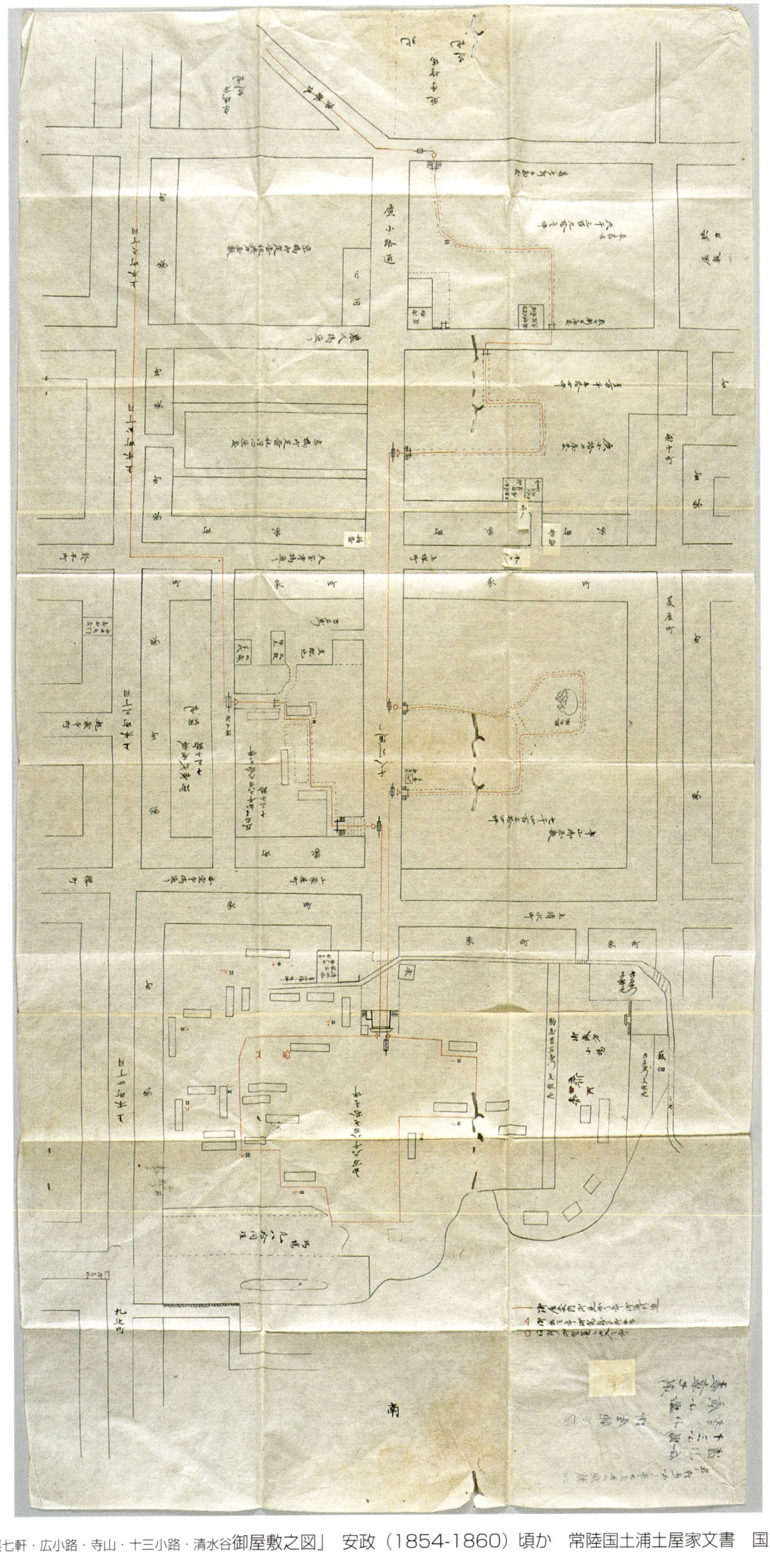

図12 「大坂表裏七軒・広小路・寺山・十三小路・清水谷御屋敷之図」 安政（1854-1860）頃か 常陸国土浦土屋家文書 国文学研究資料館蔵

図13 「七日市藩主大坂登城行列図」 1832（天保3）年12月 群馬県立歴史博物館蔵

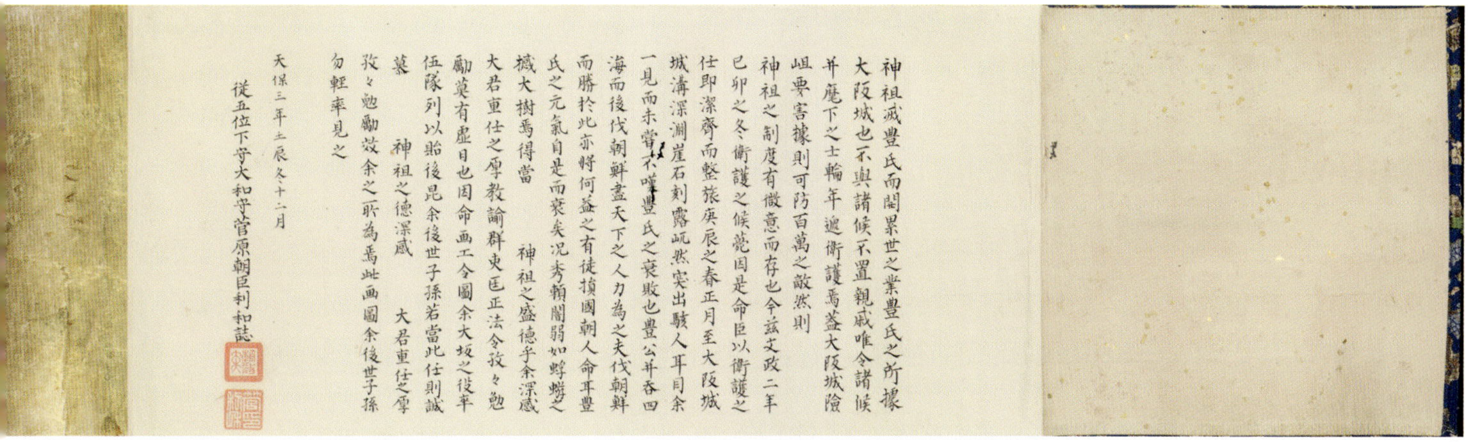
神祖滅豊氏而闔累世之業豊氏之所據
大阪城也不與諸候不置親戚唯令諸候
并麾下之士輪年遞衛護焉蓋大阪城險
岨要害據則可防百萬之敵然則
神祖之制度有微意而存也今茲文政二年
巳卯之冬衛護之候毚因是命臣以衛護之
仕即潔齊而整旅庚辰之春正月至大阪城
城溝深淵崖石刻露屼然突出駭人耳目余
一見而未嘗不嘆豊氏之衰敗也豊公并吞四
海而後伐朝鮮盡天下之人力為之夫伐朝鮮
而勝於此亦將何益之有徒損國朝人命耳豊
氏之元氣自是而衰矣況秀頼闇弱如蜉蝣之
摵大樹焉得當　神祖之盛徳乎余深感
大君重任之厚教諭群吏匡正法令孜々勉
勵莫有虚日也因命画工令圖余大坂之役卒
伍隊列以貽後昆余後世子孫若當此任則誠
慕　神祖之徳深感　大君重任之厚
孜々勉勵效余之所為焉此画図余後世子孫
勿輕率見之
天保三年壬辰冬十二月
従五位下守大和守菅原朝臣利和誌

①

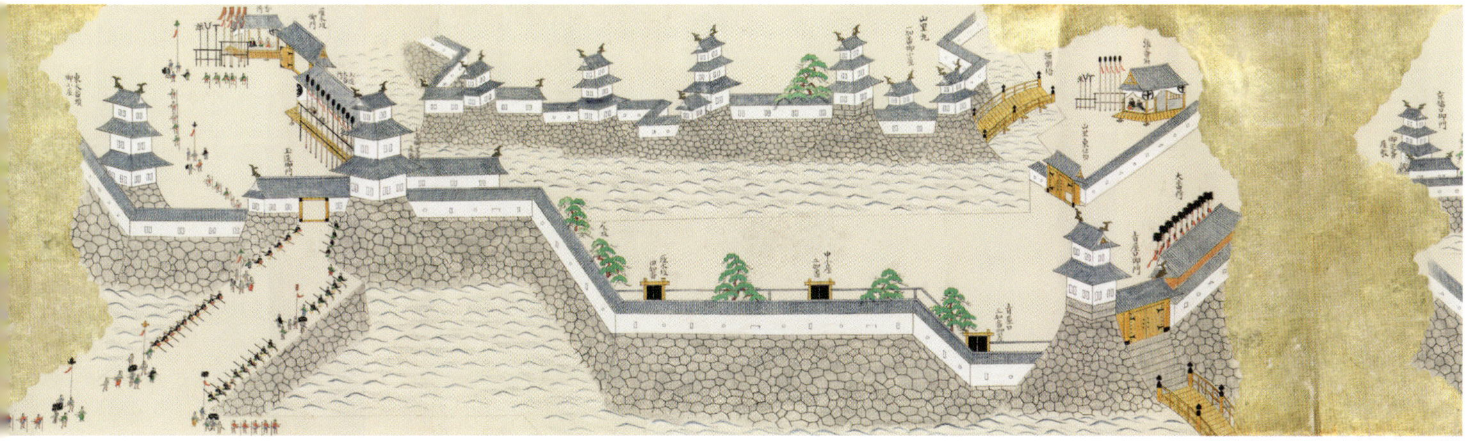

②

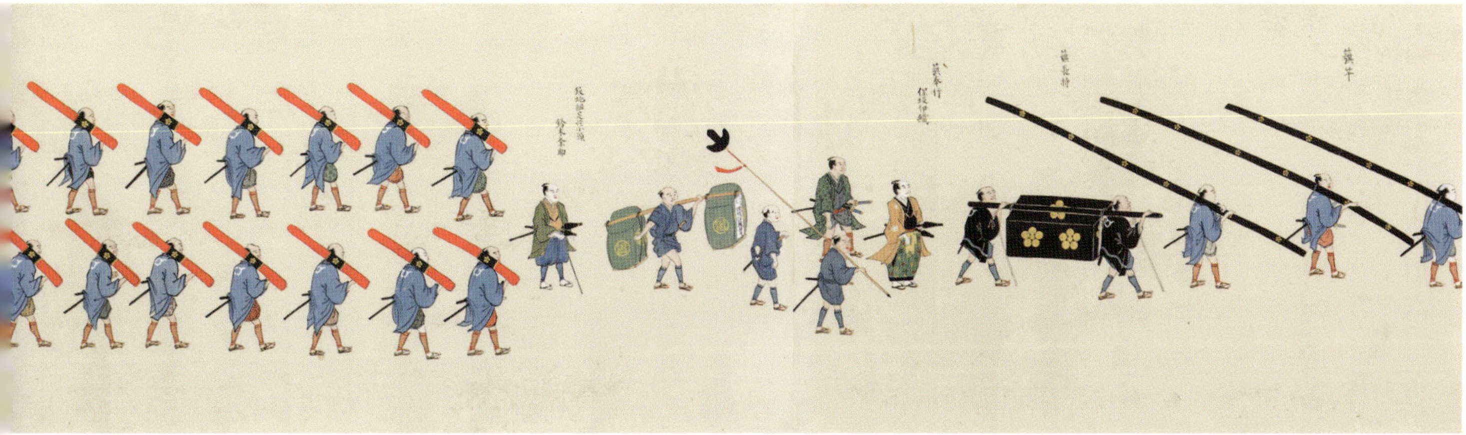

③

長柄奉行

清水舎人

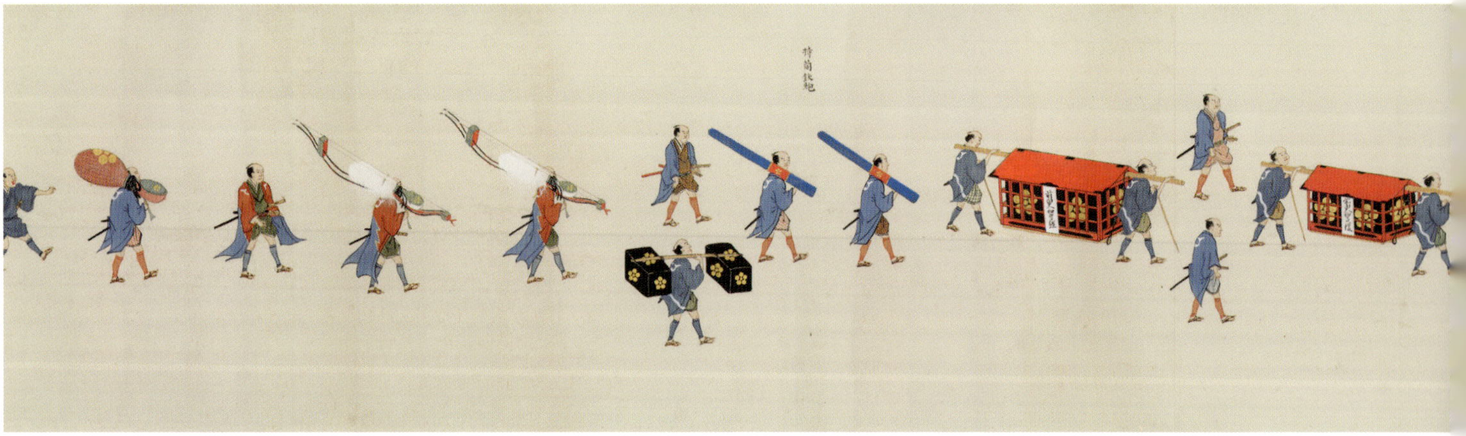
持筒鉄炮

④

⑤

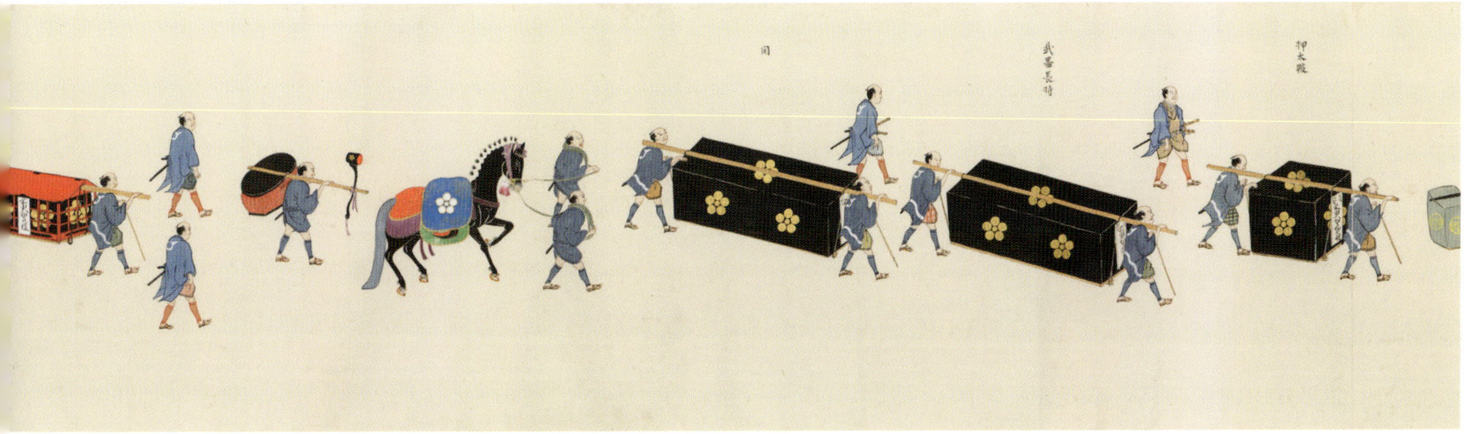

⑥

⑦

⑧

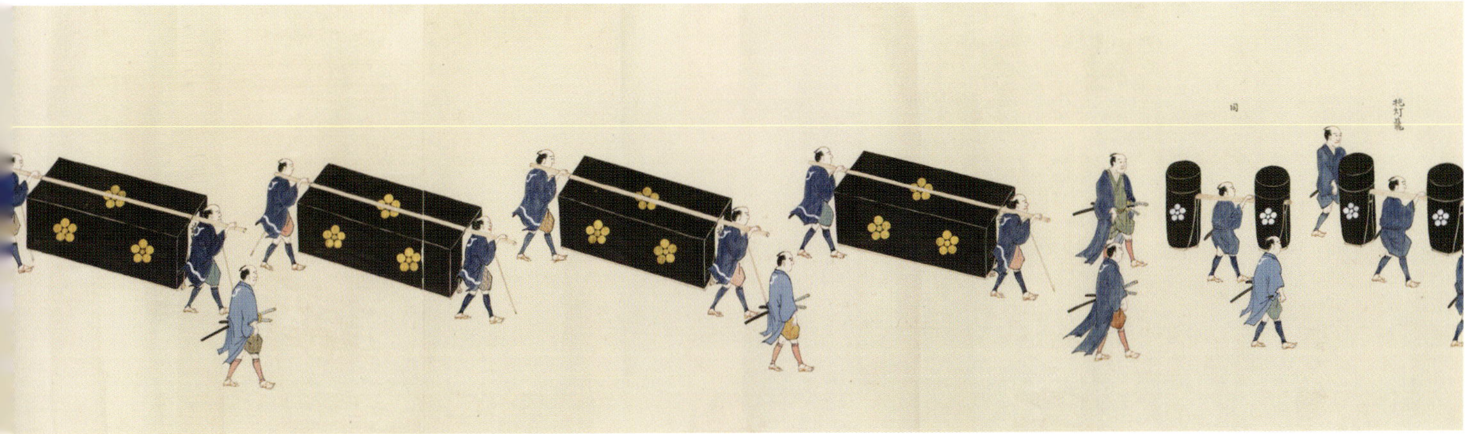

⑨

料理人

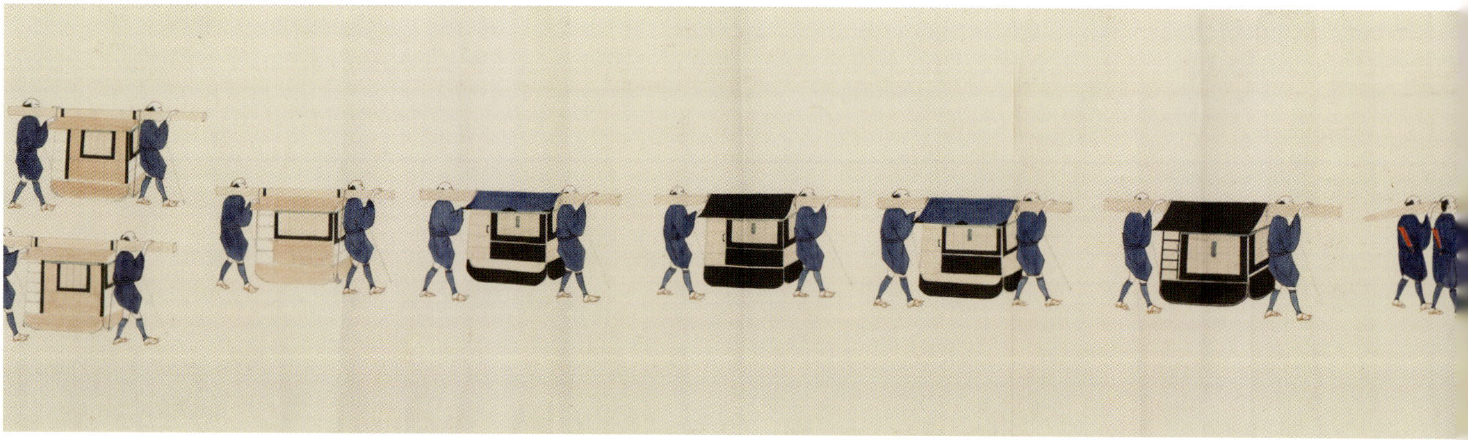

木曽路帰道之記
惣馬数五十六匹略之

⑩

⑪

⑫

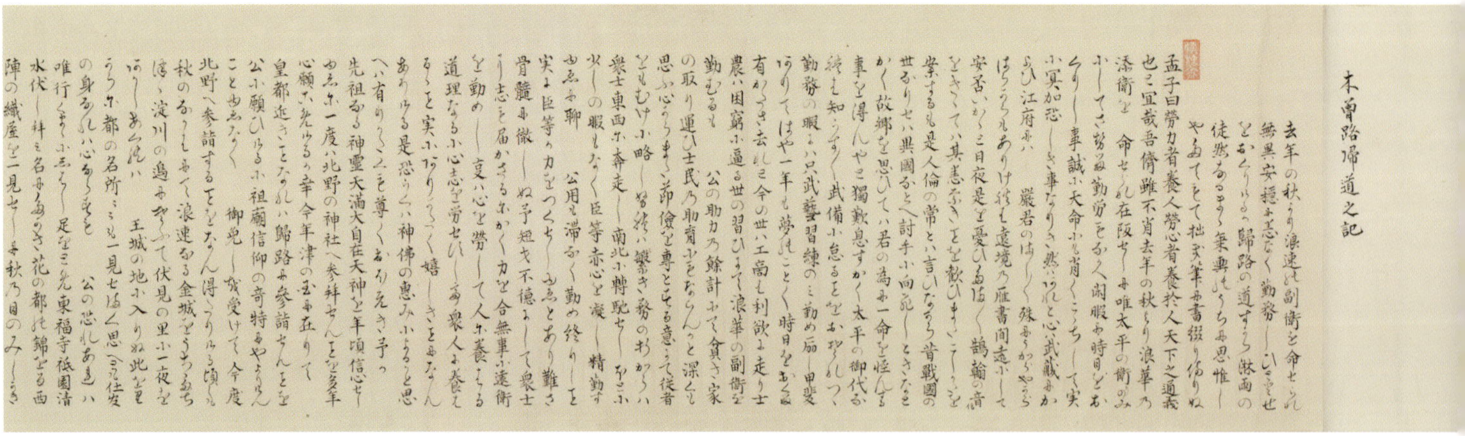

⑬

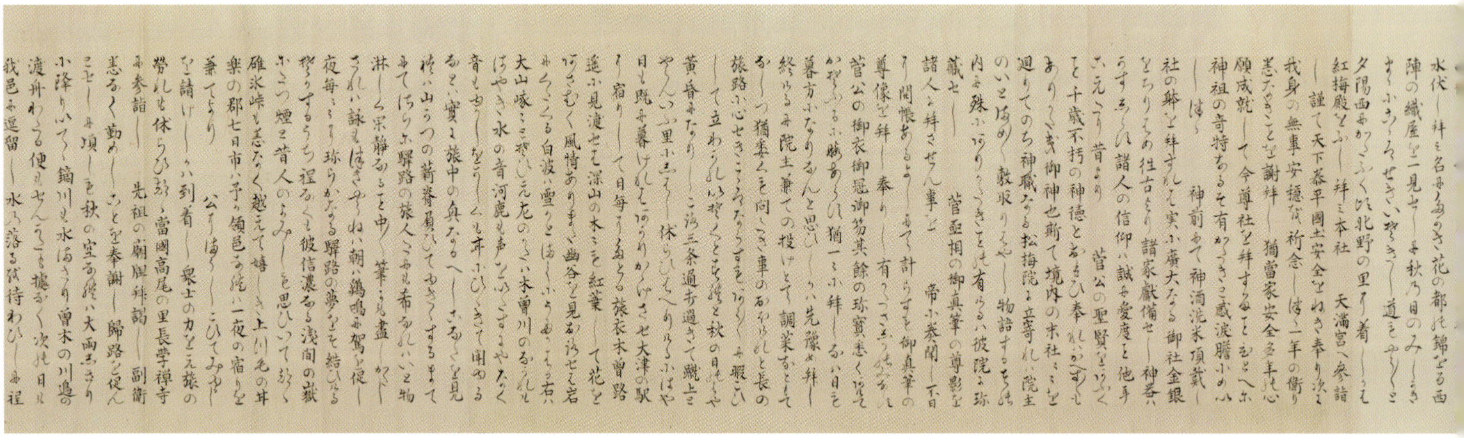

⑭

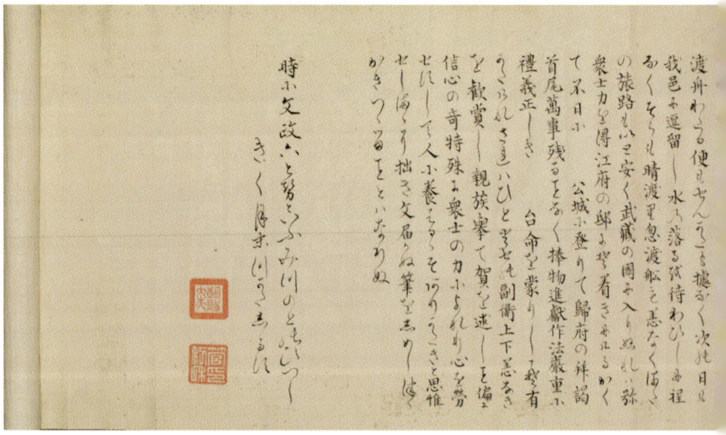

⑮

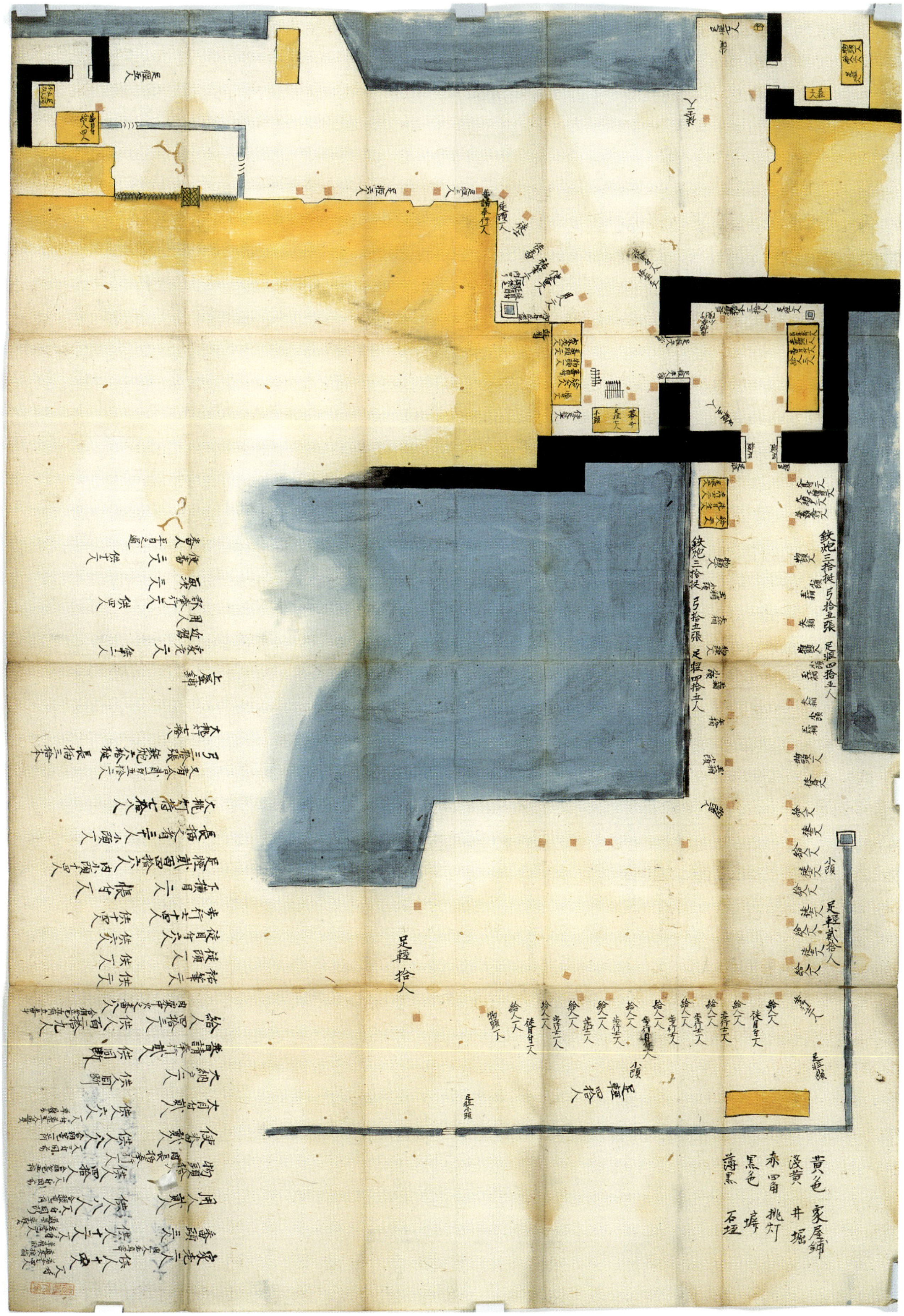

図14 「大坂御城御加番御交代節大手固行列之絵図」 1713（正徳3）年8月 大阪歴史博物館蔵

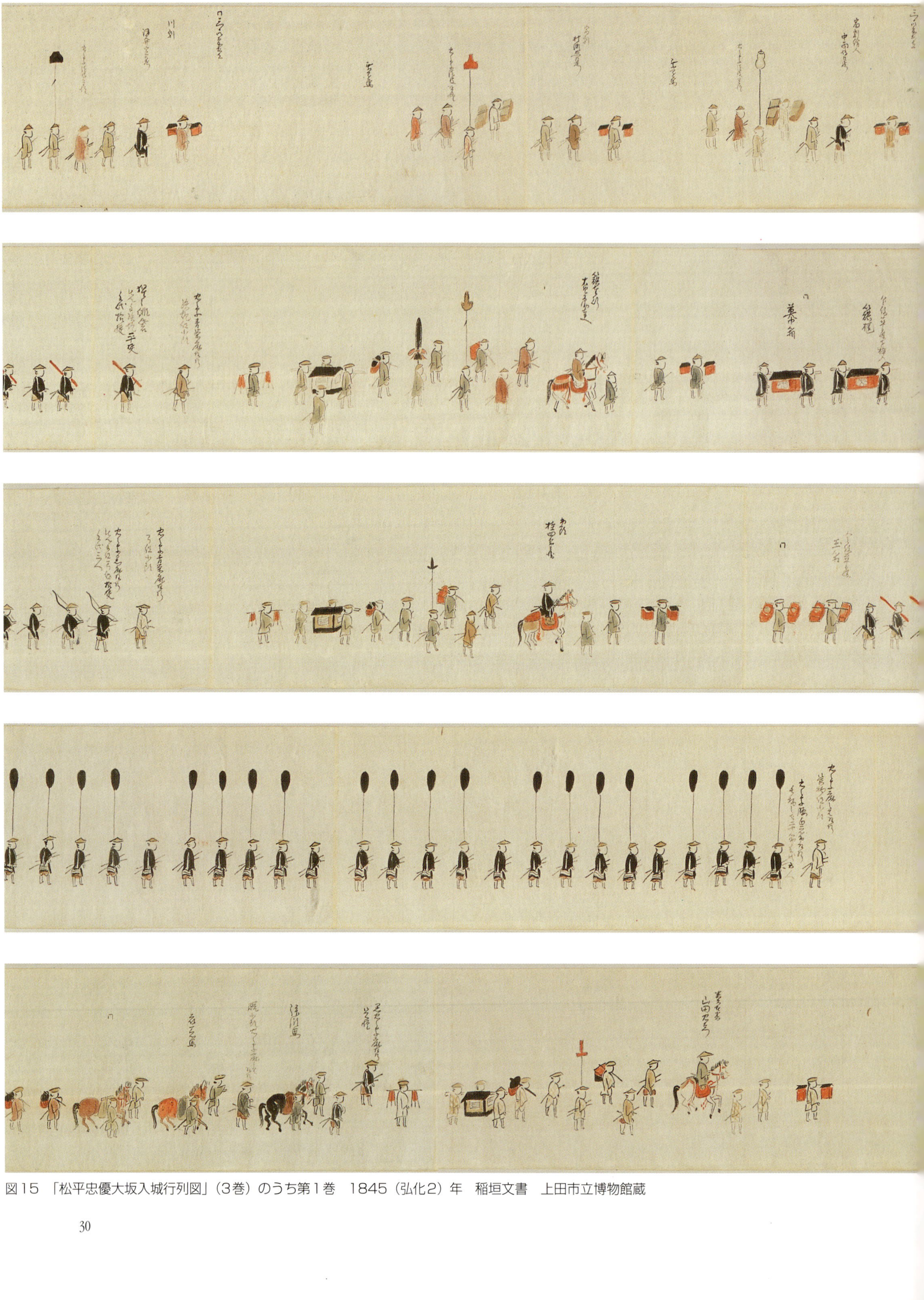

図15　「松平忠優大坂入城行列図」（3巻）のうち第1巻　1845（弘化2）年　稲垣文書　上田市立博物館蔵

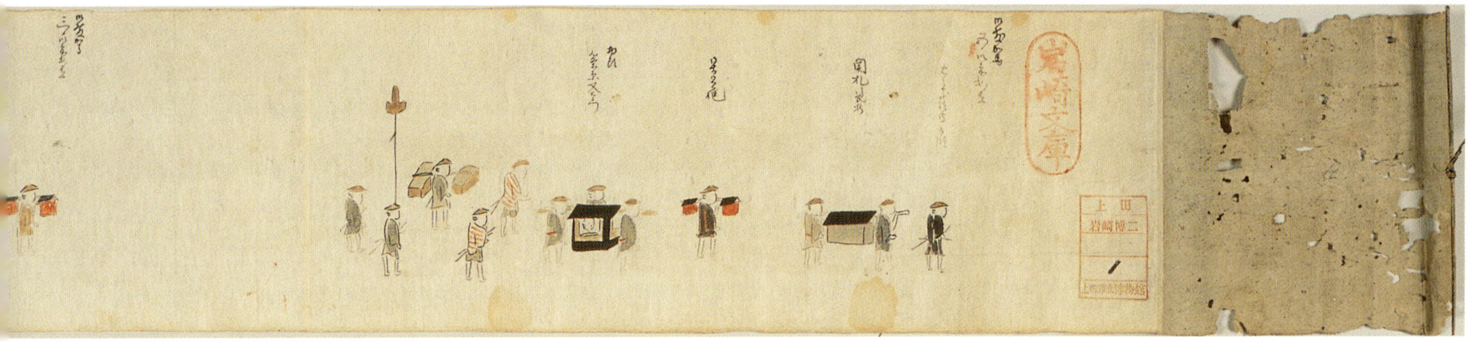

①

②

③

④

⑤

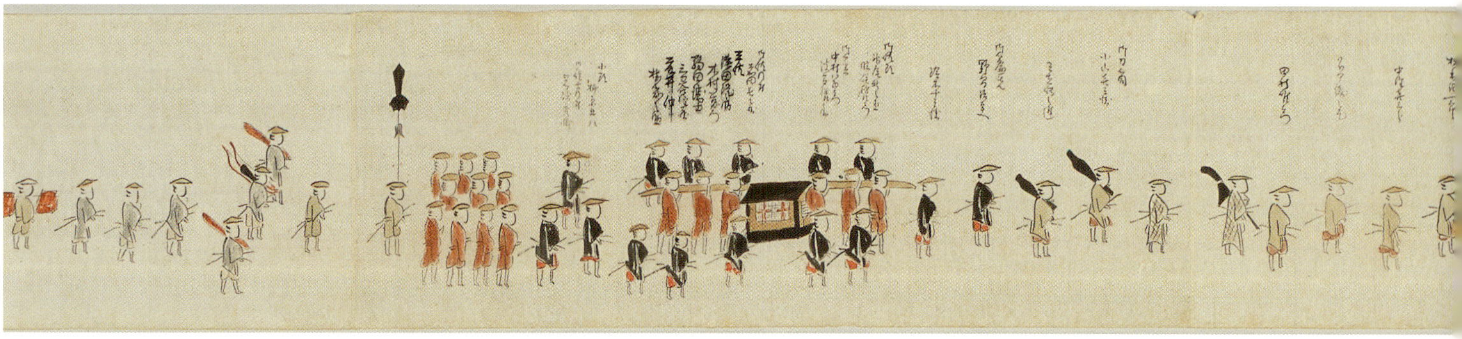

⑥

⑦

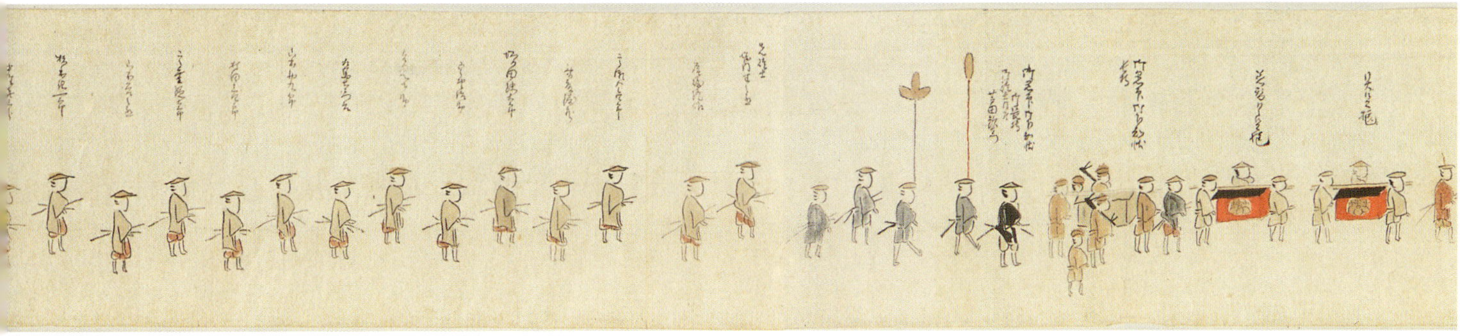

⑧

⑨

⑩

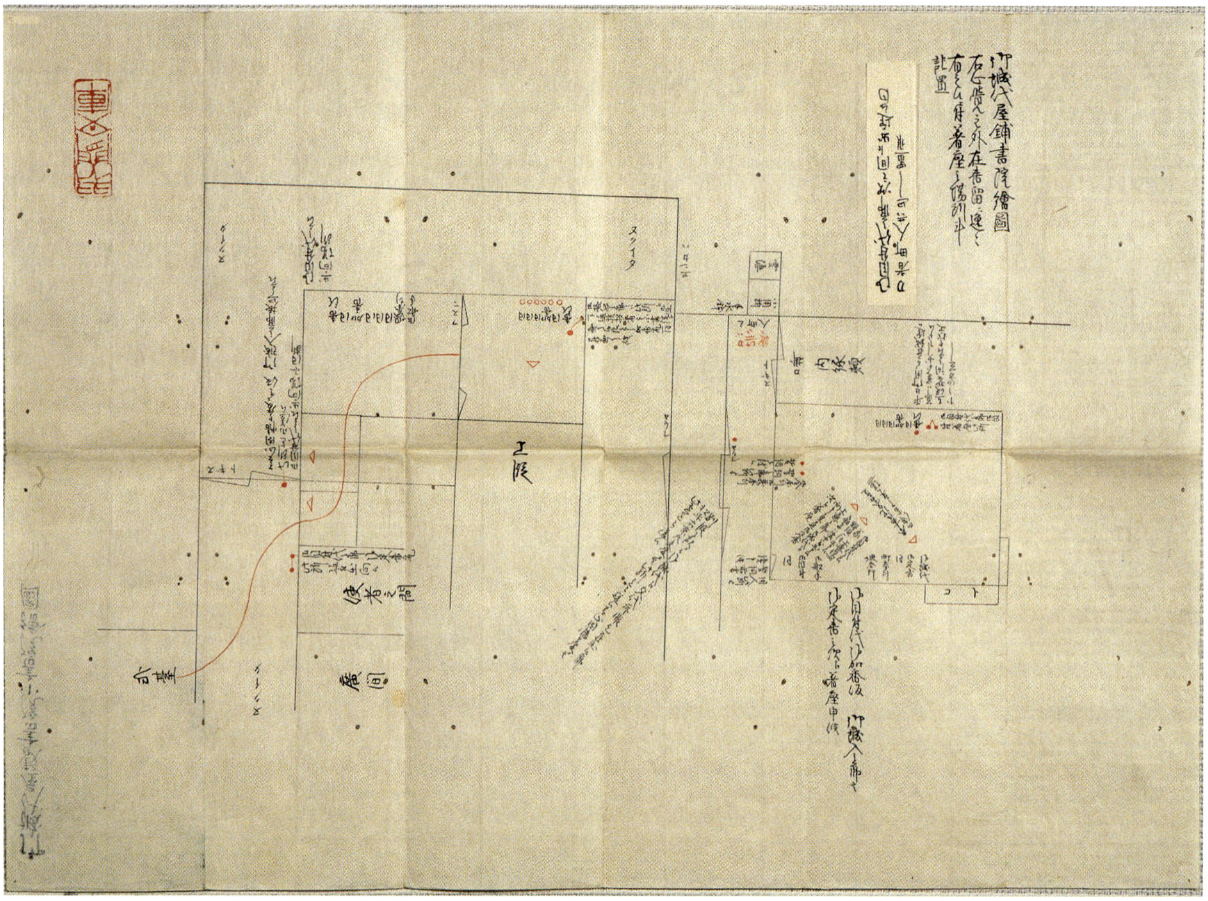

図16 『大坂諸絵図』より「四　御城代屋敷書院小書院絵図」 羽間文庫　大阪歴史博物館蔵

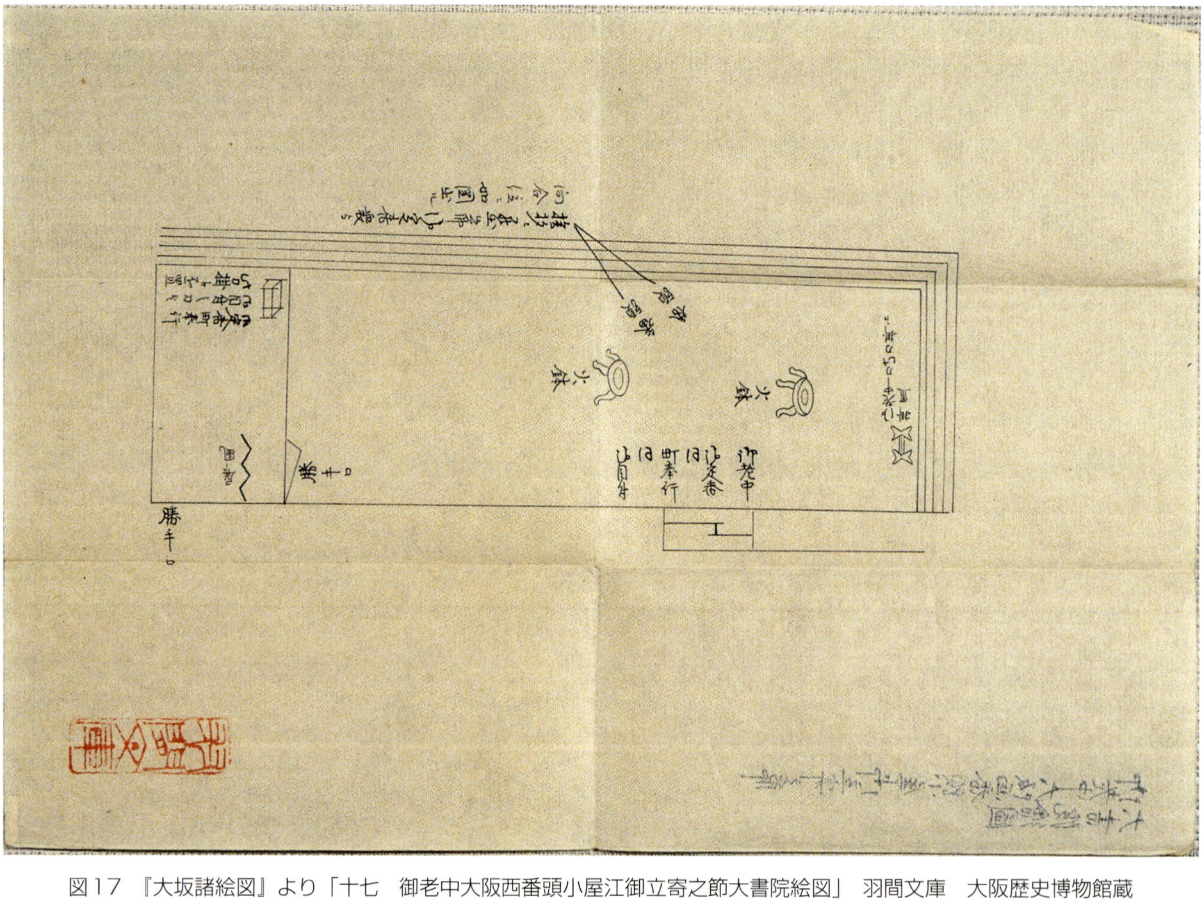

図17 『大坂諸絵図』より「十七　御老中大阪西番頭小屋江御立寄之節大書院絵図」 羽間文庫　大阪歴史博物館蔵

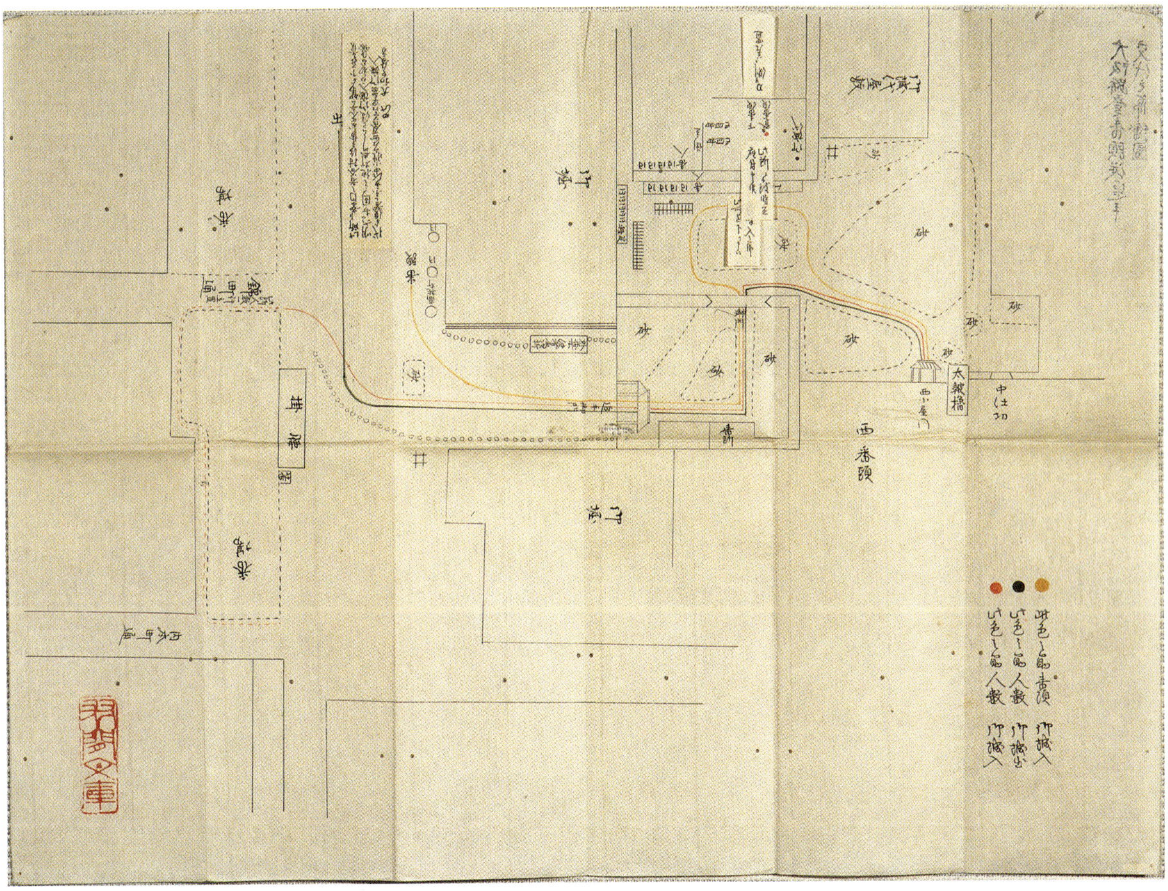

図18 『大坂諸絵図』より「廿四　大阪跡登番頭従追手交代之節絵図」 羽間文庫　大阪歴史博物館蔵

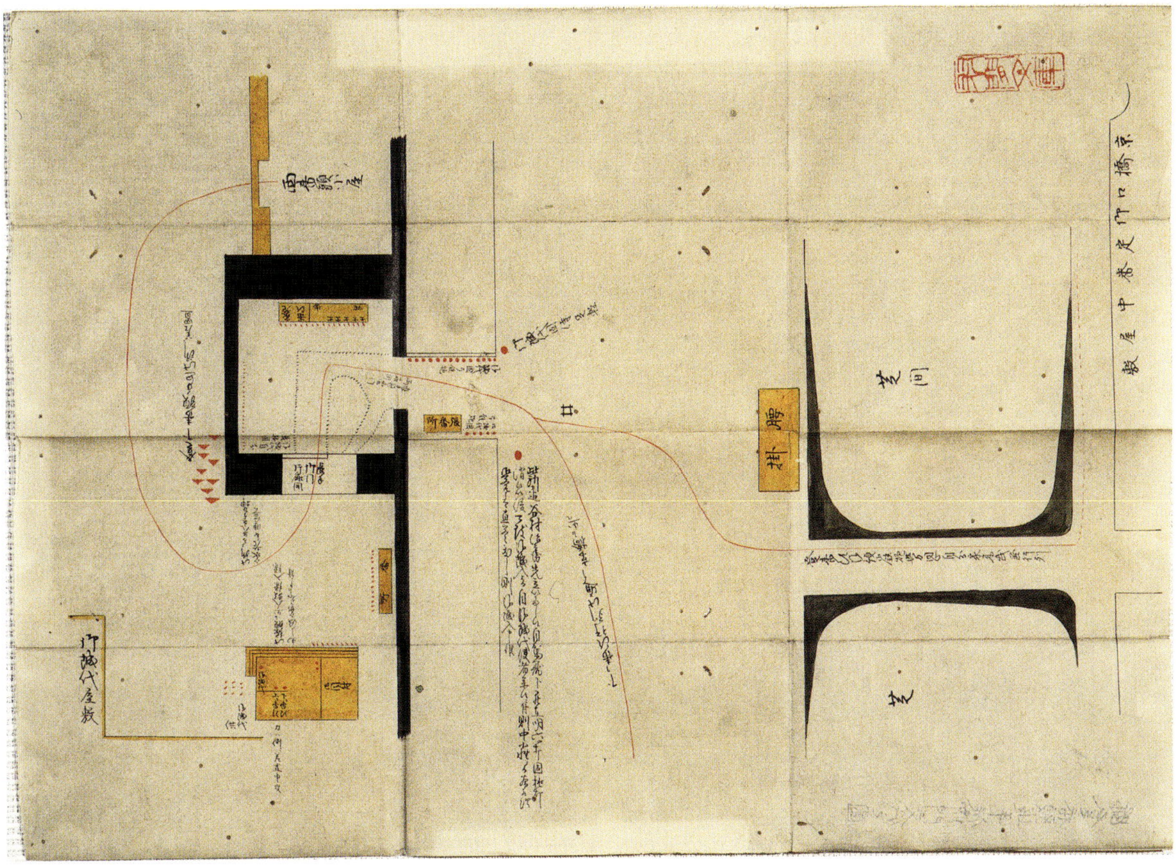

図19 『大坂諸絵図』より「廿五　跡登番頭追手従御門交代之図」 羽間文庫　大阪歴史博物館蔵

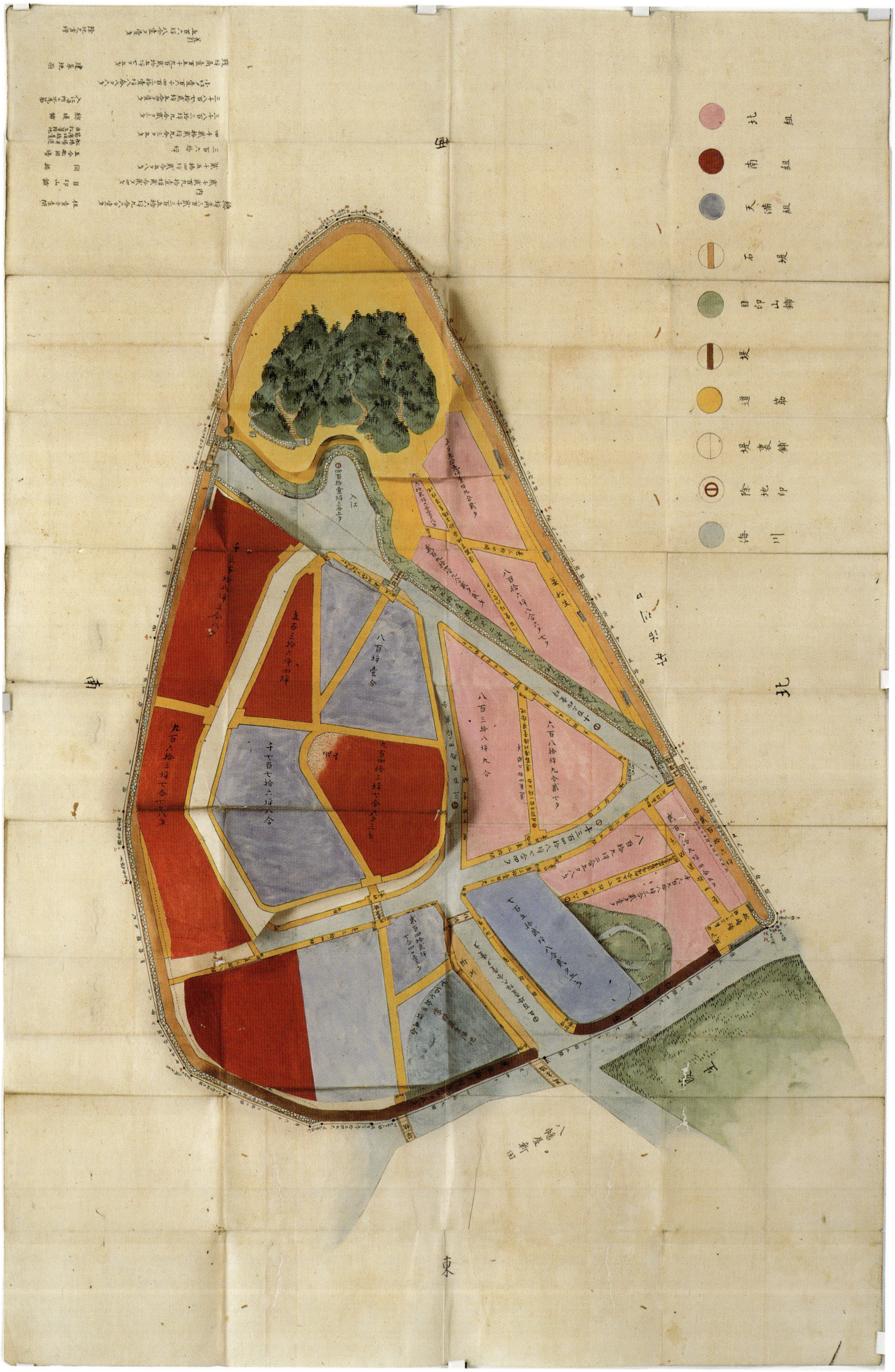

図20 「天保山裾地図」 1831（天保2）年頃か 大阪歴史博物館蔵

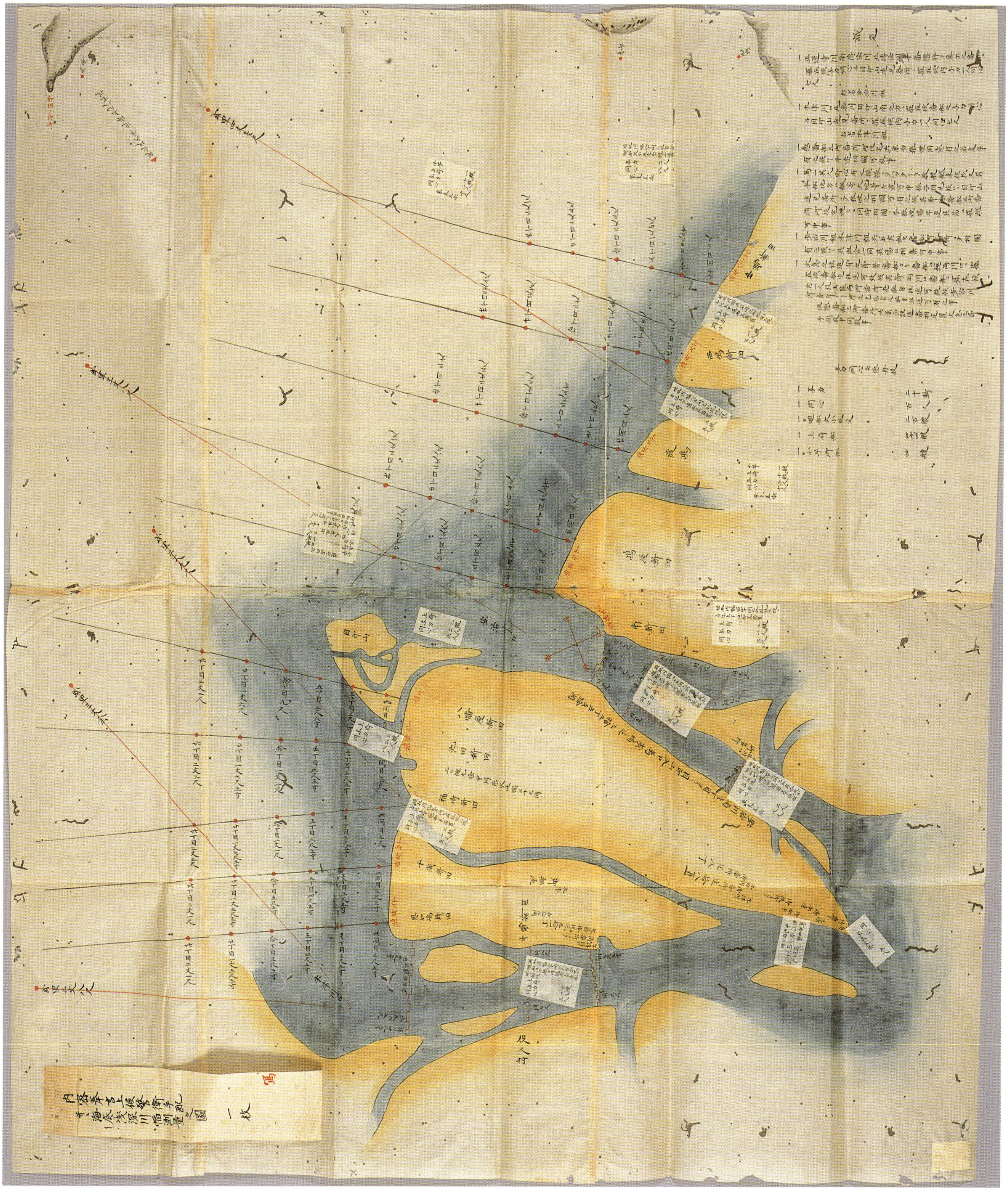

図21 「内密奉言上候警衛手配并海底浅深川幅測量之図」 安政（1854-1860）頃か 常陸国土浦土屋家文書 国文学研究資料館蔵

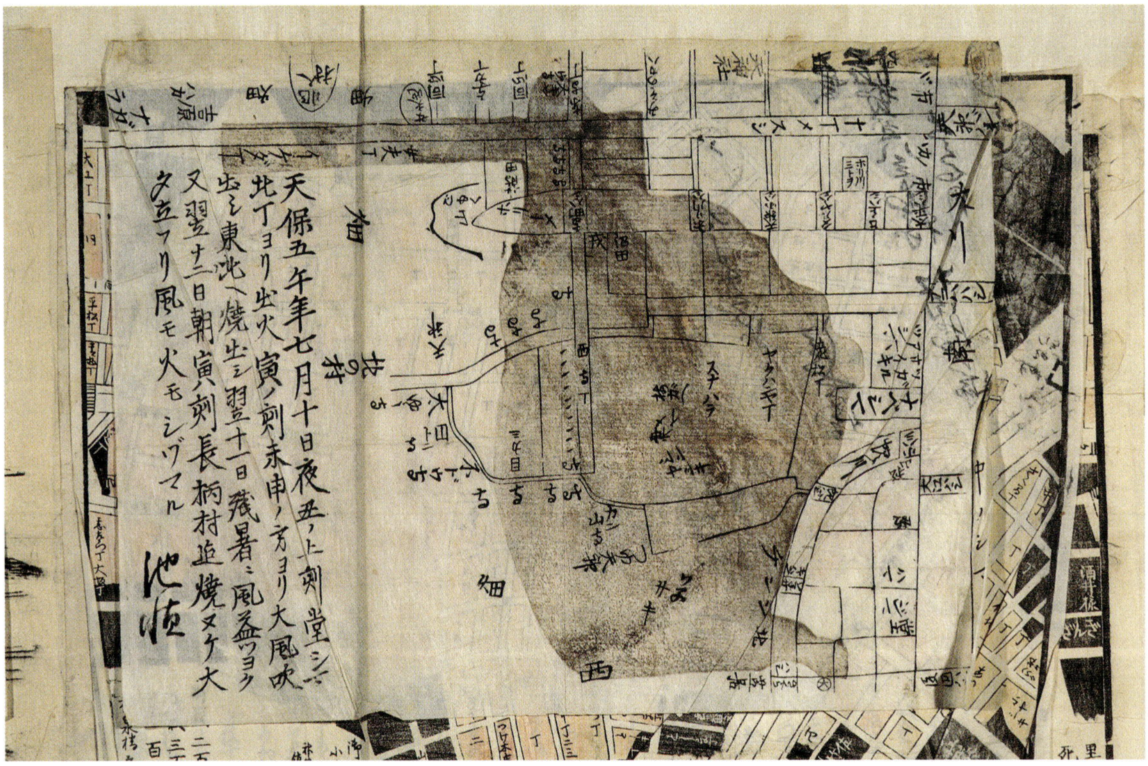

図23 『緑顕集』より「大坂大火」1834（天保5）年　滋賀八コレクション　大阪大学大学院文学研究科蔵

図22　『似芝戯画集』より「浪花天保山風景」（歌川貞升）　1831（天保2）年以降　難波家（平野屋）資料
大阪大学大学院文学研究科蔵

図24　『番附帖　禄』より「大阪安治川口大浚市中御加勢図」
（保之門人保丸）　1831（天保2）年以降
難波家（平野屋）資料
大阪大学大学院文学研究科蔵

図25 『番附帖 禄』より「摂陽大阪安治川口諸廻船目印山細見」(秋田雄山) 1834 (天保5) 年 難波家 (平野屋) 資料
大阪大学大学院文学研究科蔵

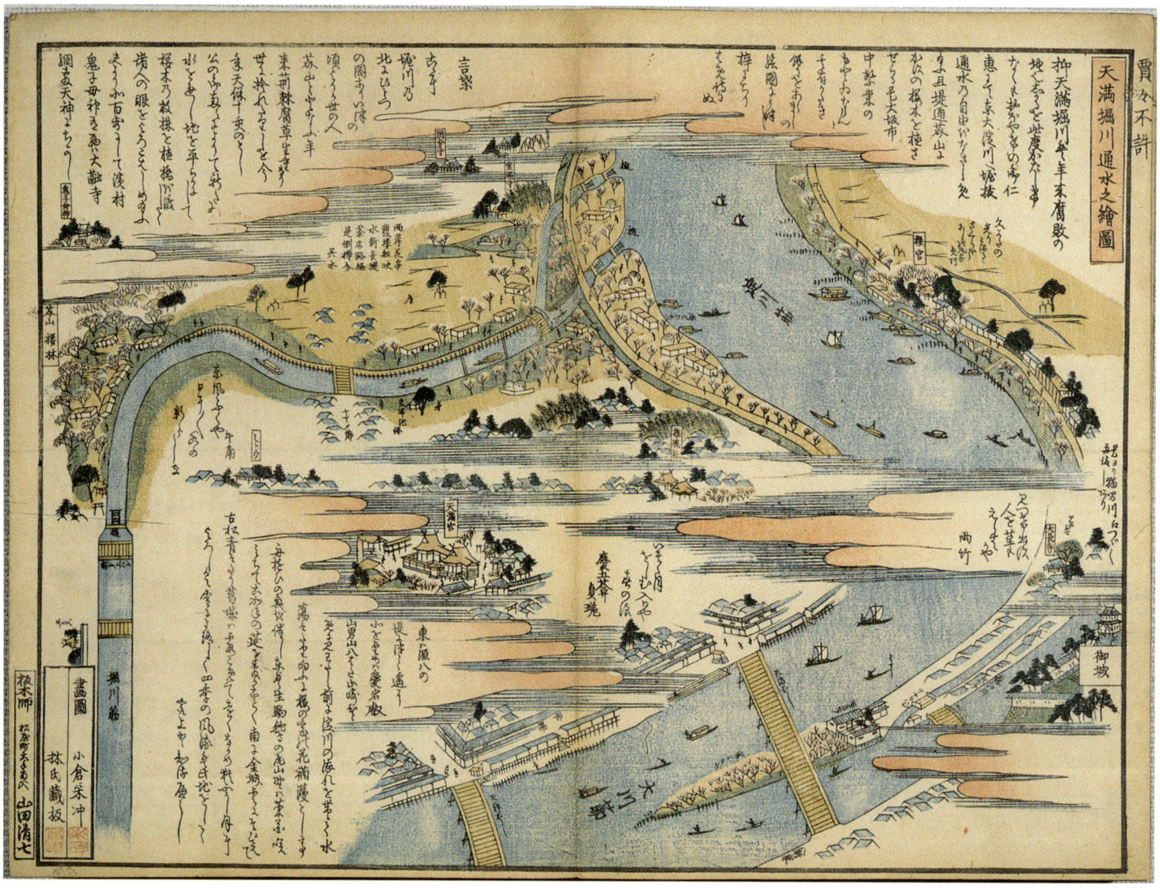

図26 『番附帖 禄』より「天満堀川通水之絵図」(小倉采沖) 1838 (天保9) 年頃 難波家 (平野屋) 資料
大阪大学大学院文学研究科蔵

図27　『浪花百景』より「天満ばし風景」 安政（1854-1860）頃
大阪歴史博物館蔵

図28　『浪花百景』より「あみ嶋風景」 安政（1854-1860）頃
大阪歴史博物館蔵

図29 『浪花百景』より「三大橋」 安政（1854-1860）頃
大阪歴史博物館蔵

図30 『浪花百景』より「玉江橋景」 安政（1854-1860）頃
大阪歴史博物館蔵

図31 『浪花百景』より「筋鐘御門」 安政（1854-1860）頃
大阪歴史博物館蔵

図32 『花暦浪花自慢』より「川崎東照宮　権現まつり」 大阪歴史博物館蔵

図33 『五軒屋敷出土遺物』よりガラス製品（ワインボトルなど） 1831-1834（天保2-5）年頃 （財）大阪市文化財協会保管

図34 『五軒屋敷出土遺物』よりガラス製品（簪など） 1831-1834（天保2-5）年頃 （財）大阪市文化財協会保管

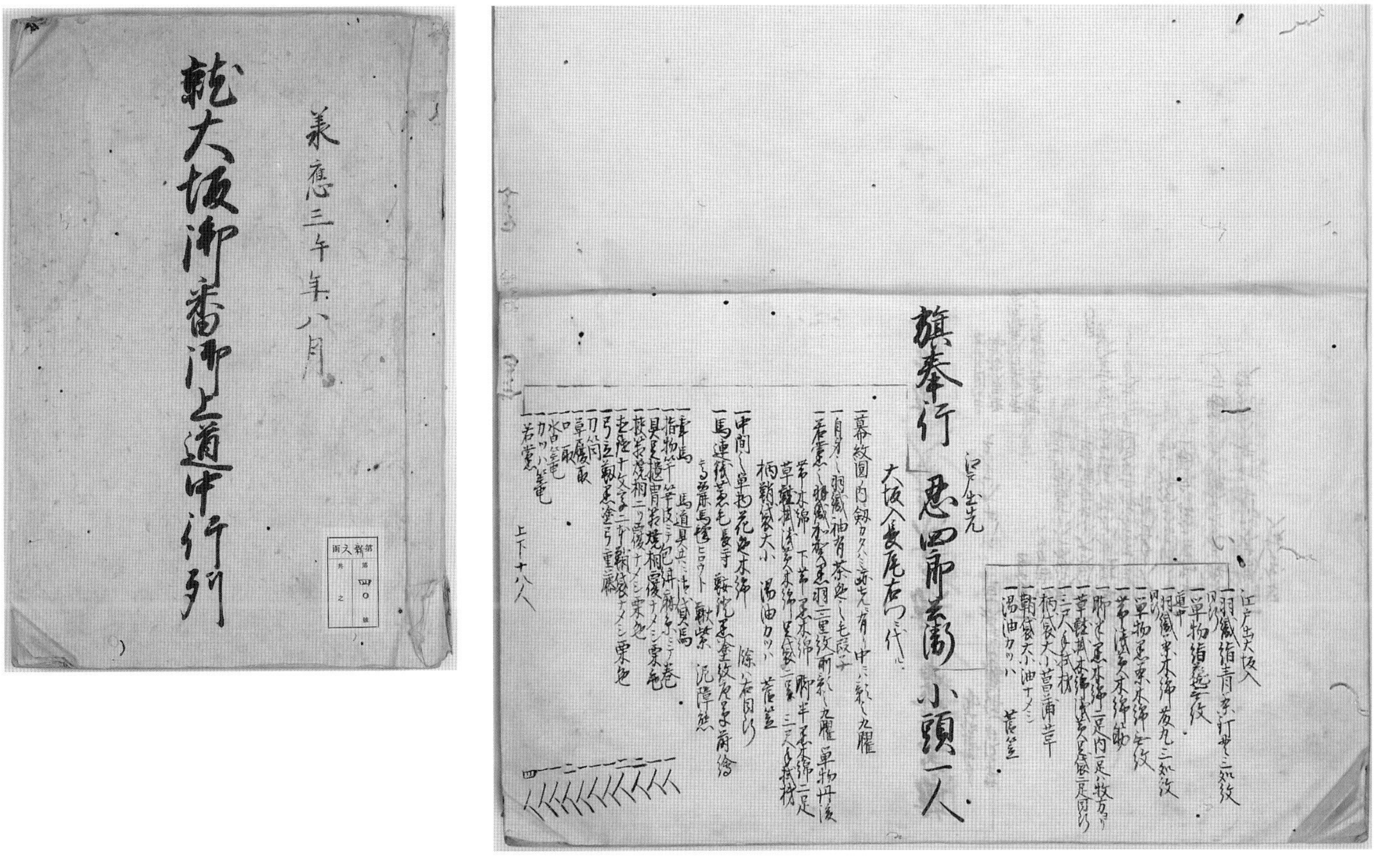

図35 「就大坂御番御上道中行列」 1654（承応3）年8月 内藤家文書 明治大学博物館蔵

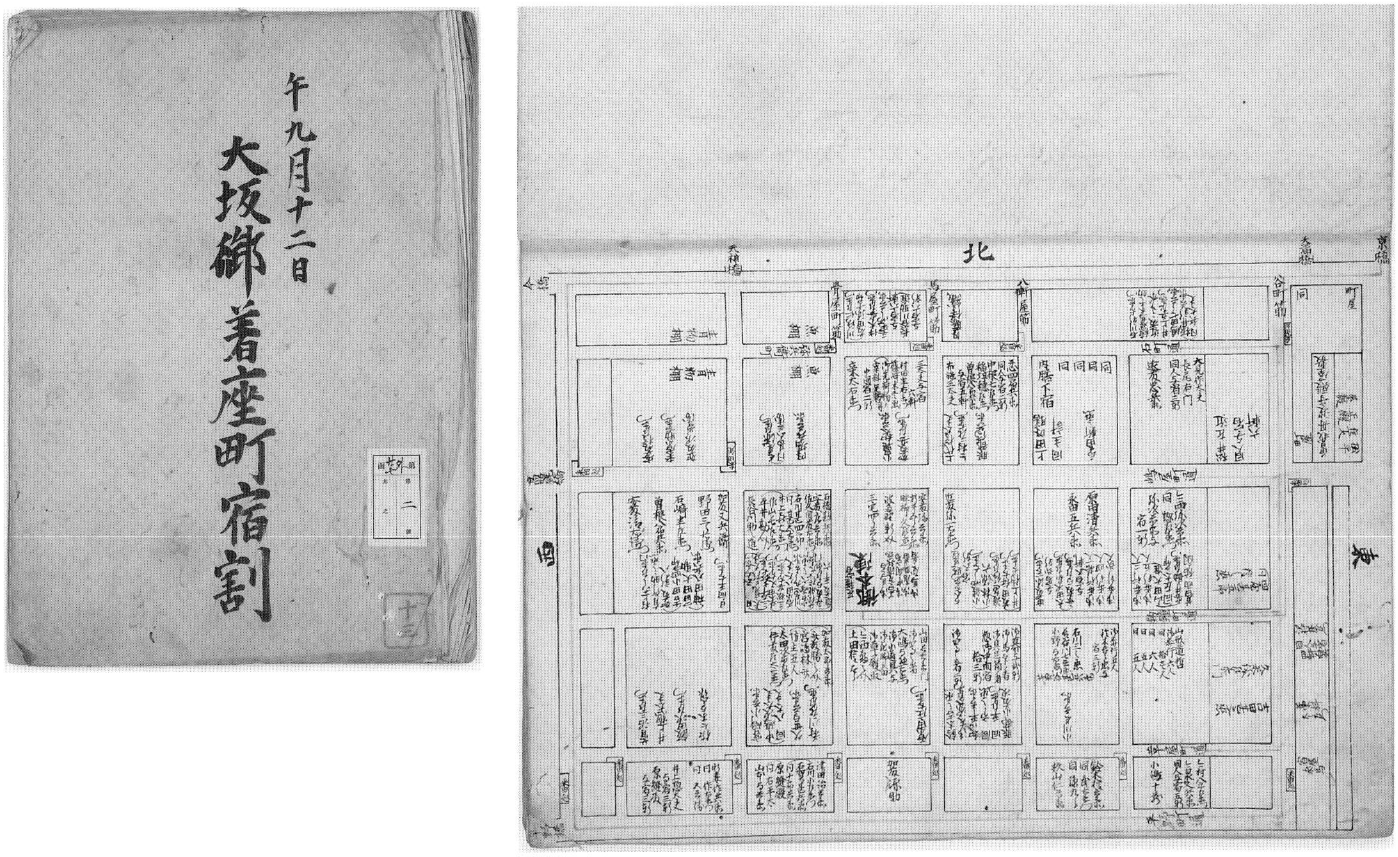

図36 「午九月十二日 大坂御着座町宿割」 1654（承応3）年9月12日 内藤家文書 明治大学博物館蔵

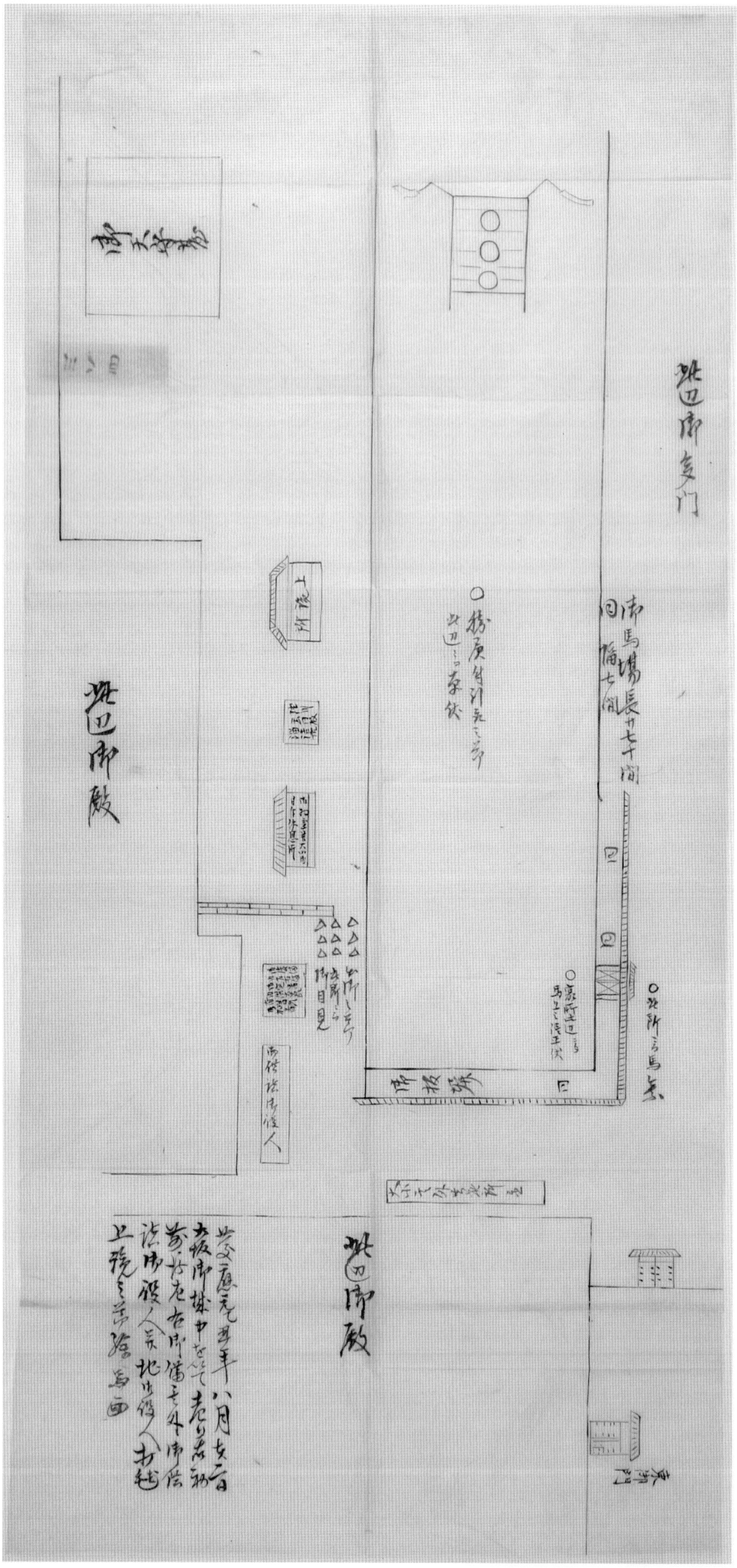

図37　「浪花於御本丸御打毬並乗馬上覧之図」　1865（慶応元）年8月22日　内藤家文書　明治大学博物館蔵

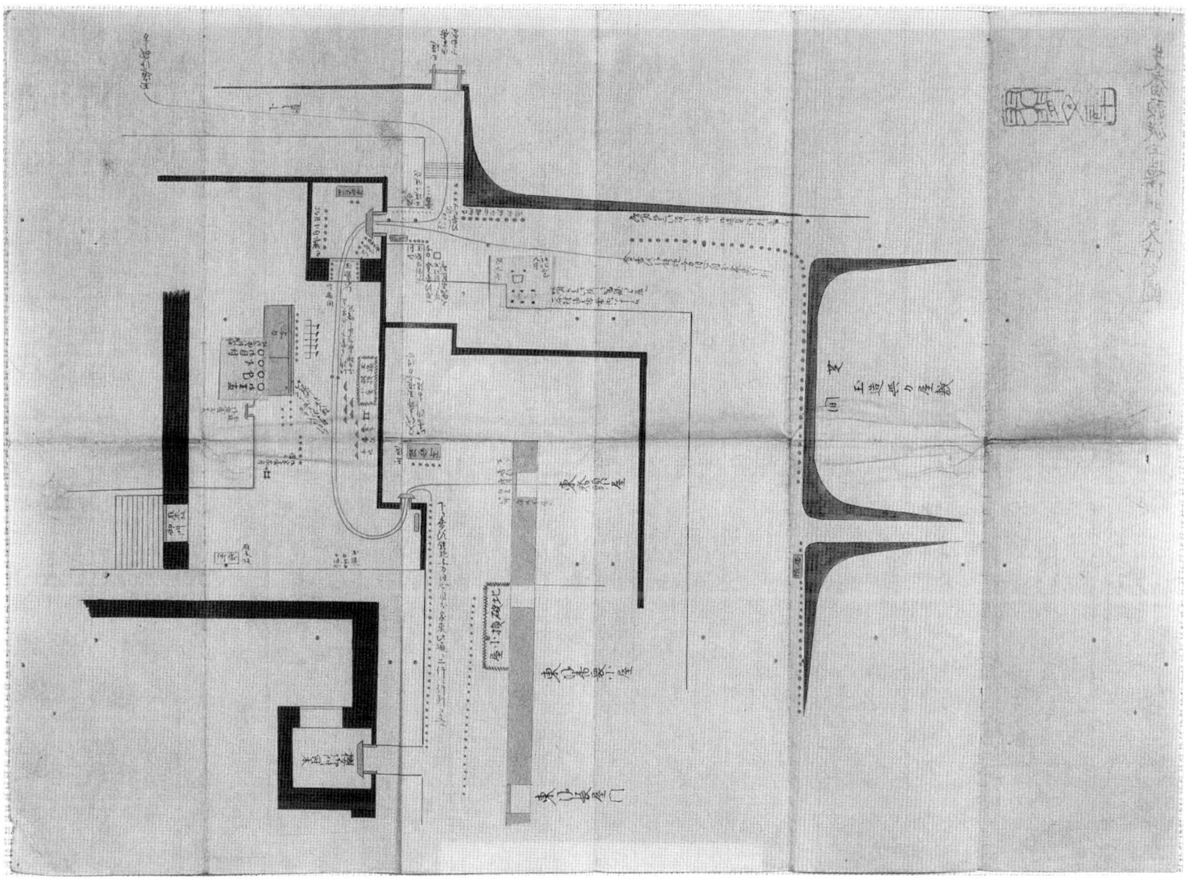

図38　『大坂諸絵図』より「廿六　先番頭従玉造御門交代之図」　羽間文庫　大阪歴史博物館蔵

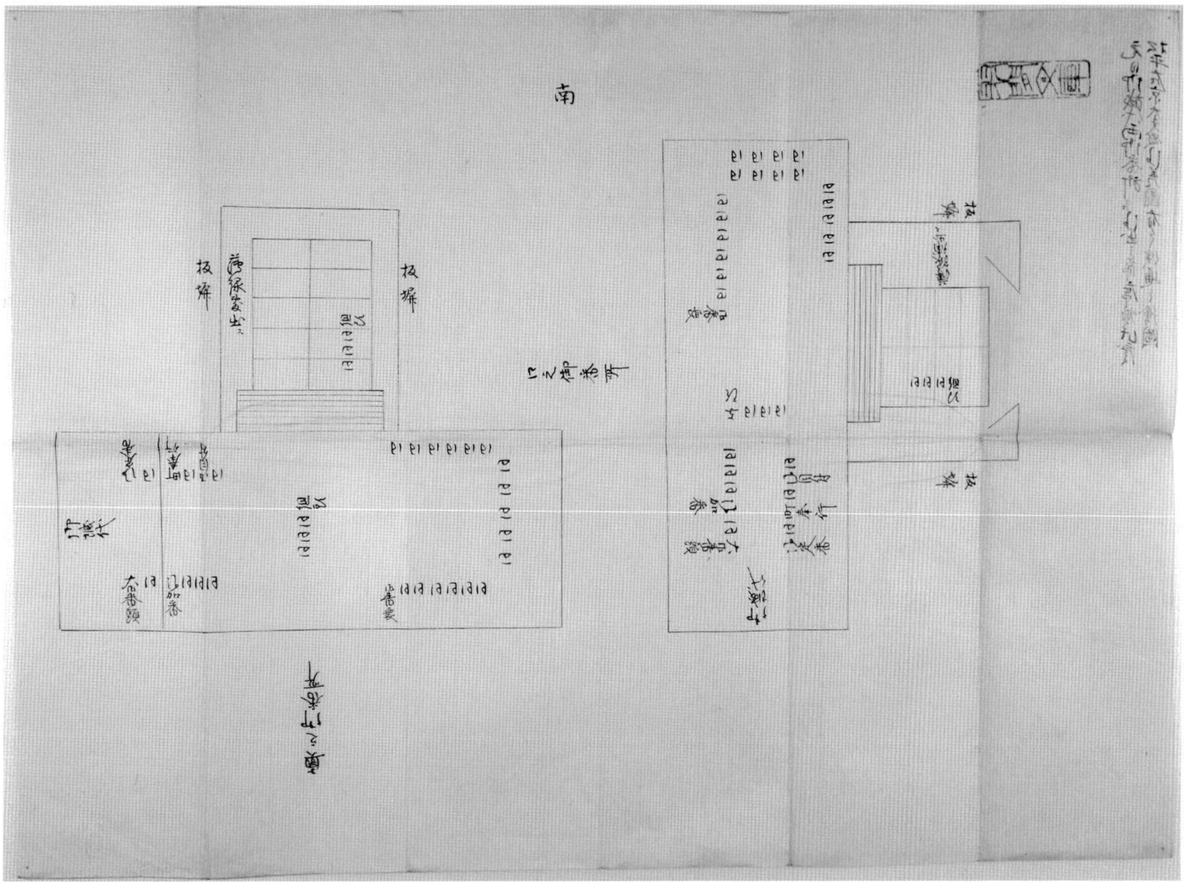

図39　『大坂諸絵図』より「卅一　元日御城代両番所江御出之節席順此度松平右京大夫殿御差図有之候通之絵図」　羽間文庫　大阪歴史博物館蔵

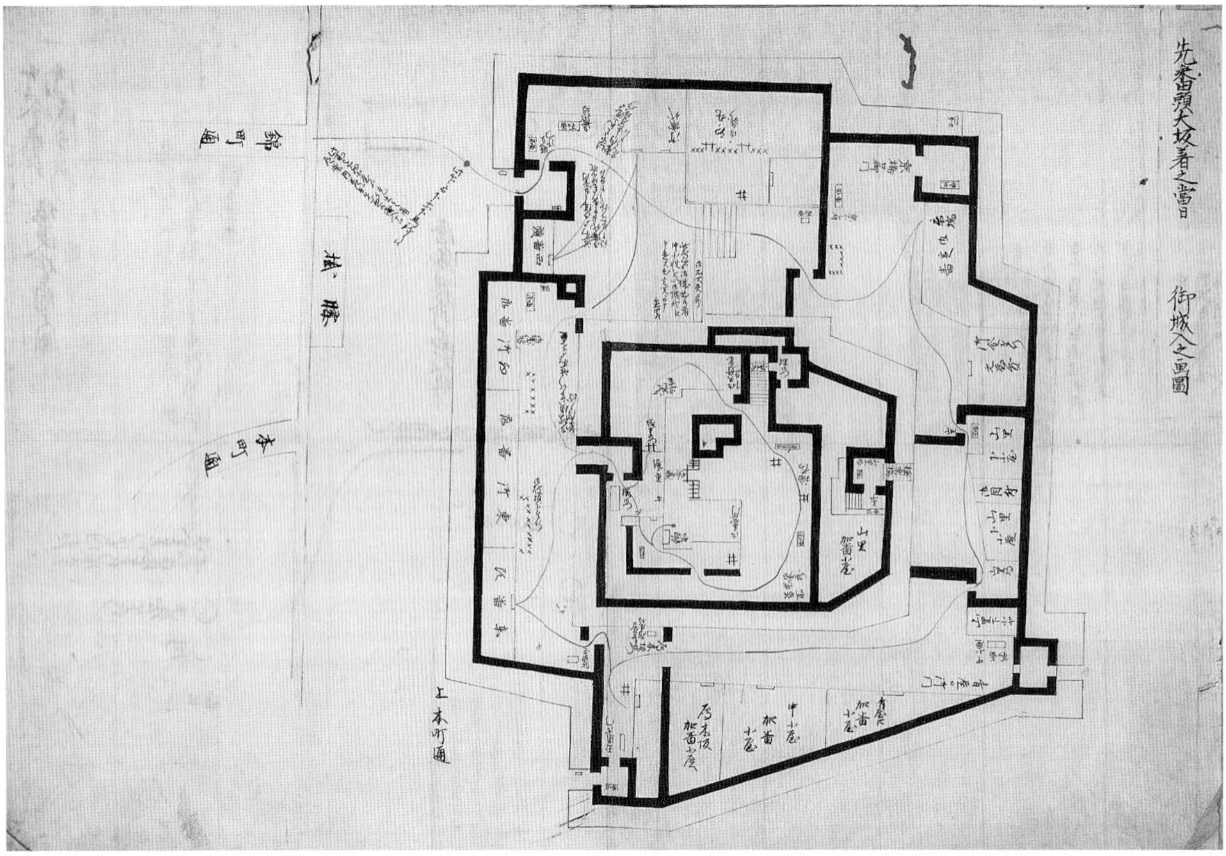

図40　『大坂諸絵図』より「一　先番頭大坂着之当日　御城入之画図」 大阪府立中之島図書館蔵

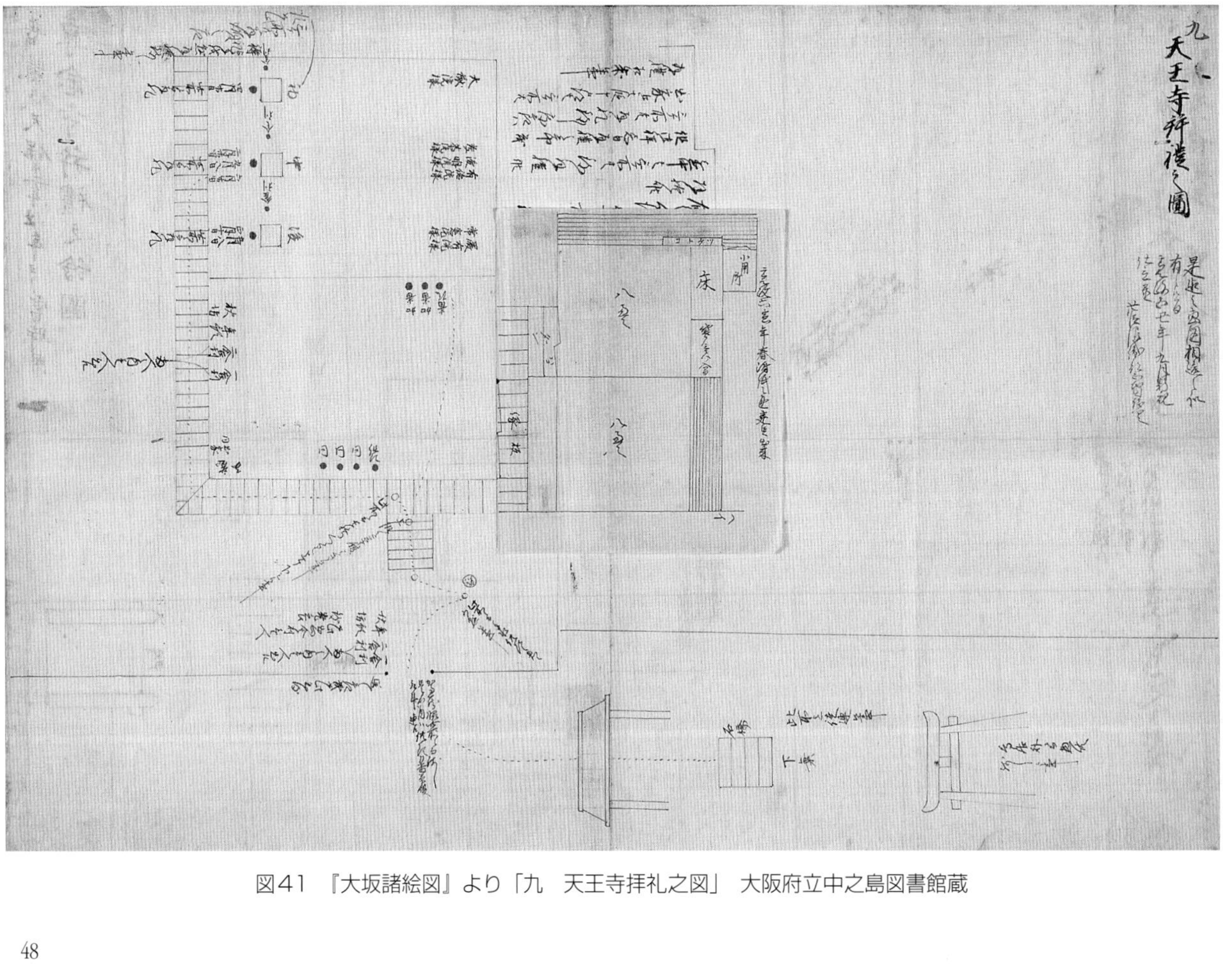

図41　『大坂諸絵図』より「九　天王寺拝礼之図」 大阪府立中之島図書館蔵

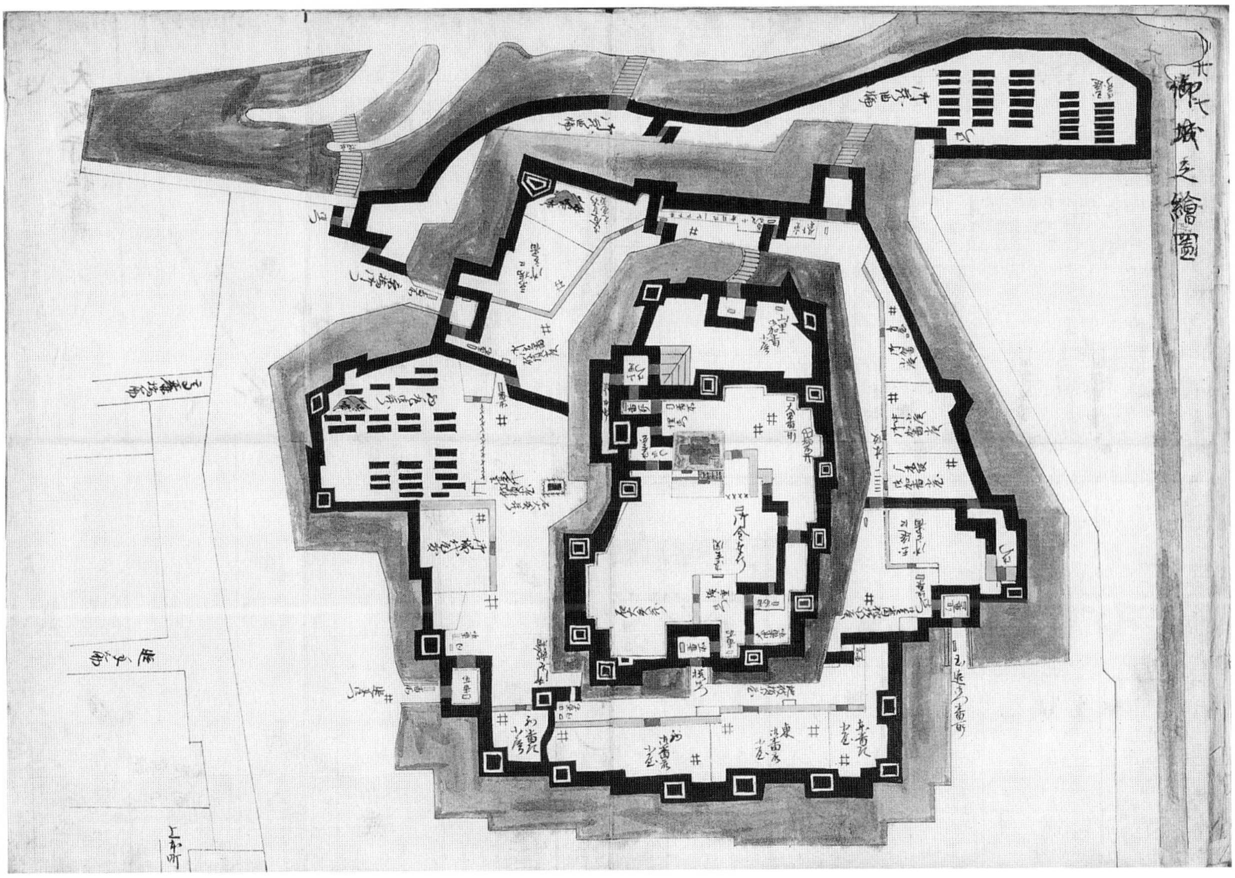

図42 『大坂諸絵図』より「二十七　御城之絵図」 大阪府立中之島図書館蔵

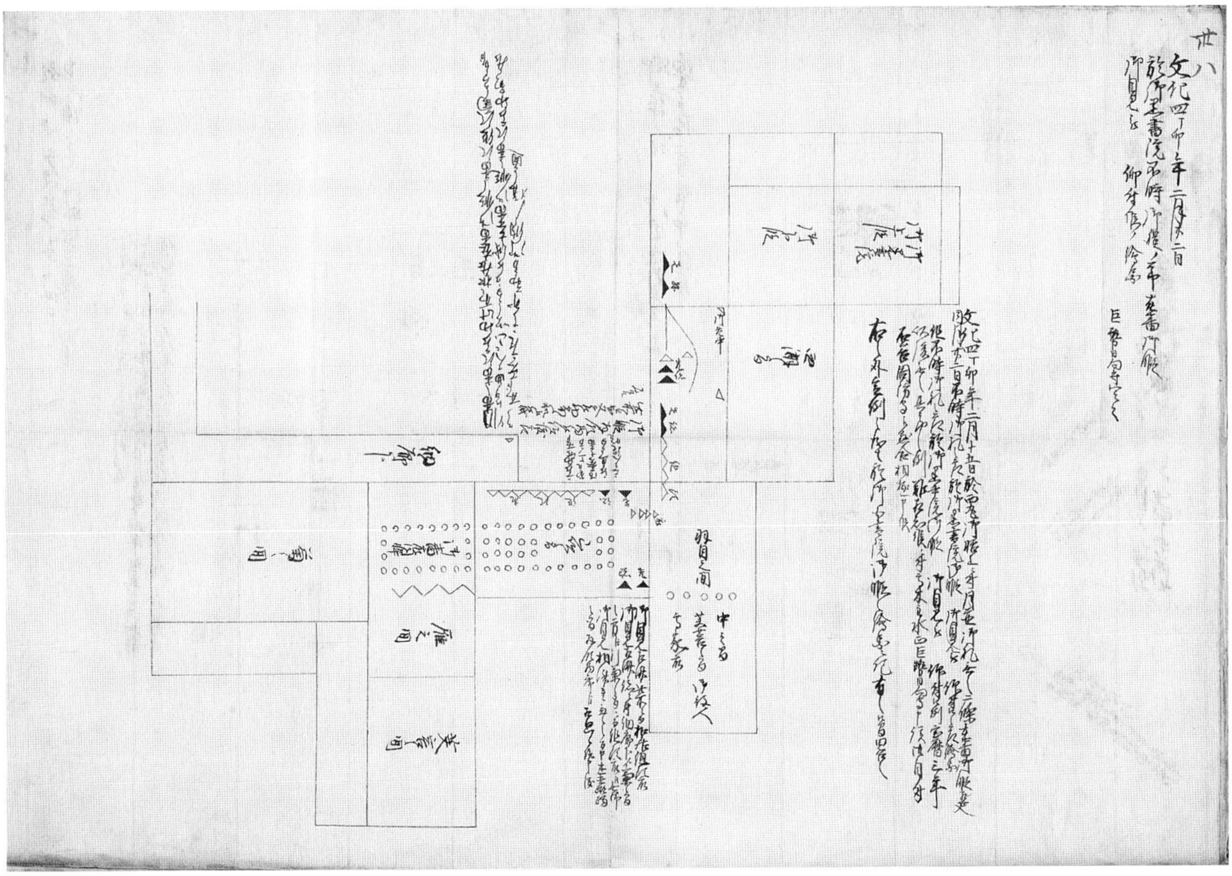

図43 『大坂諸絵図』より「三十八　文化四丁卯年二月廿二日　於御黒書院不時御礼之節在番御暇御目上被　仰付候之絵図」1807（文化4）年
大阪府立中之島図書館蔵

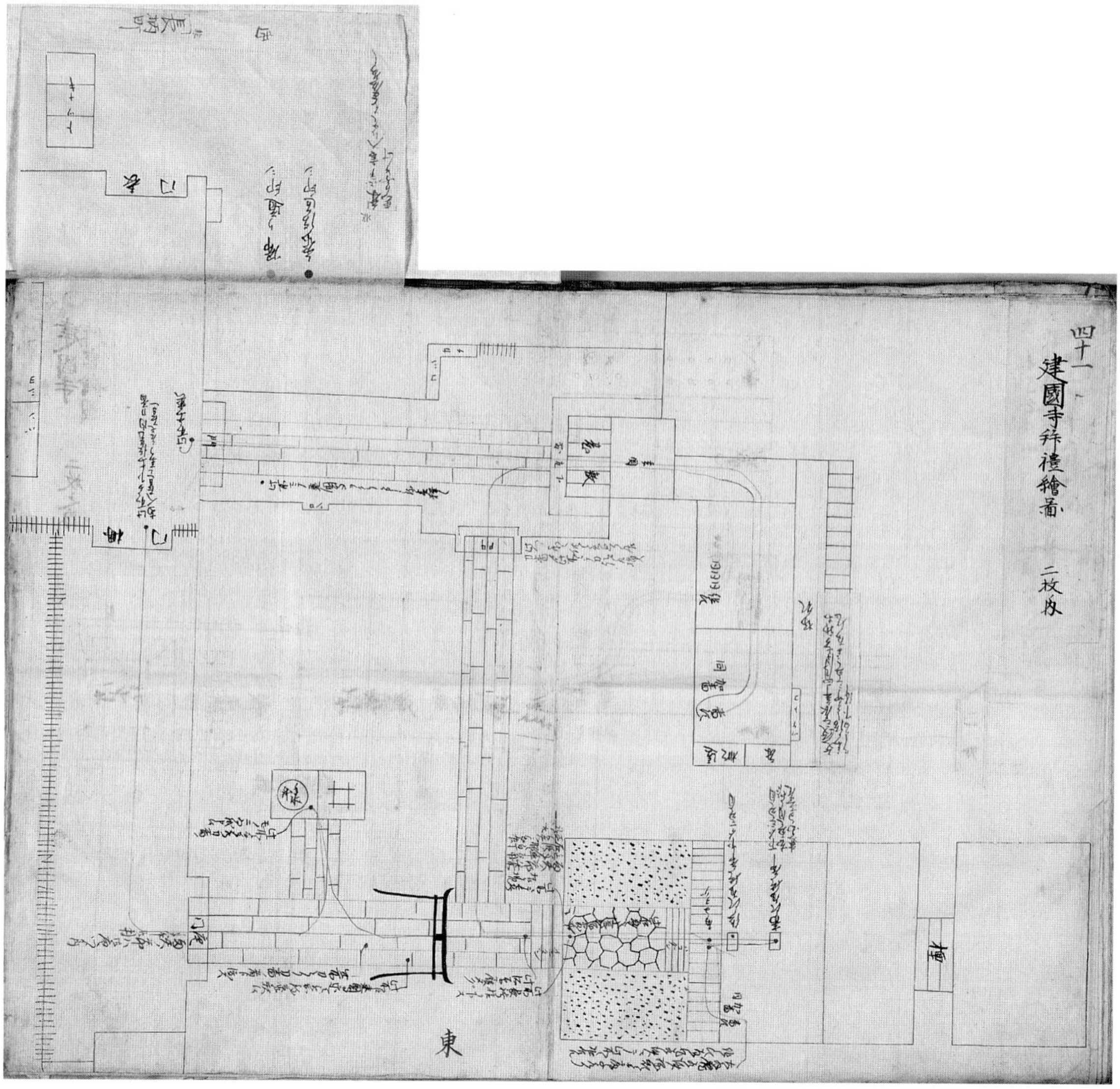

図44 『大坂諸絵図』より「四十一　建国寺拝礼絵図」 大阪府立中之島図書館蔵

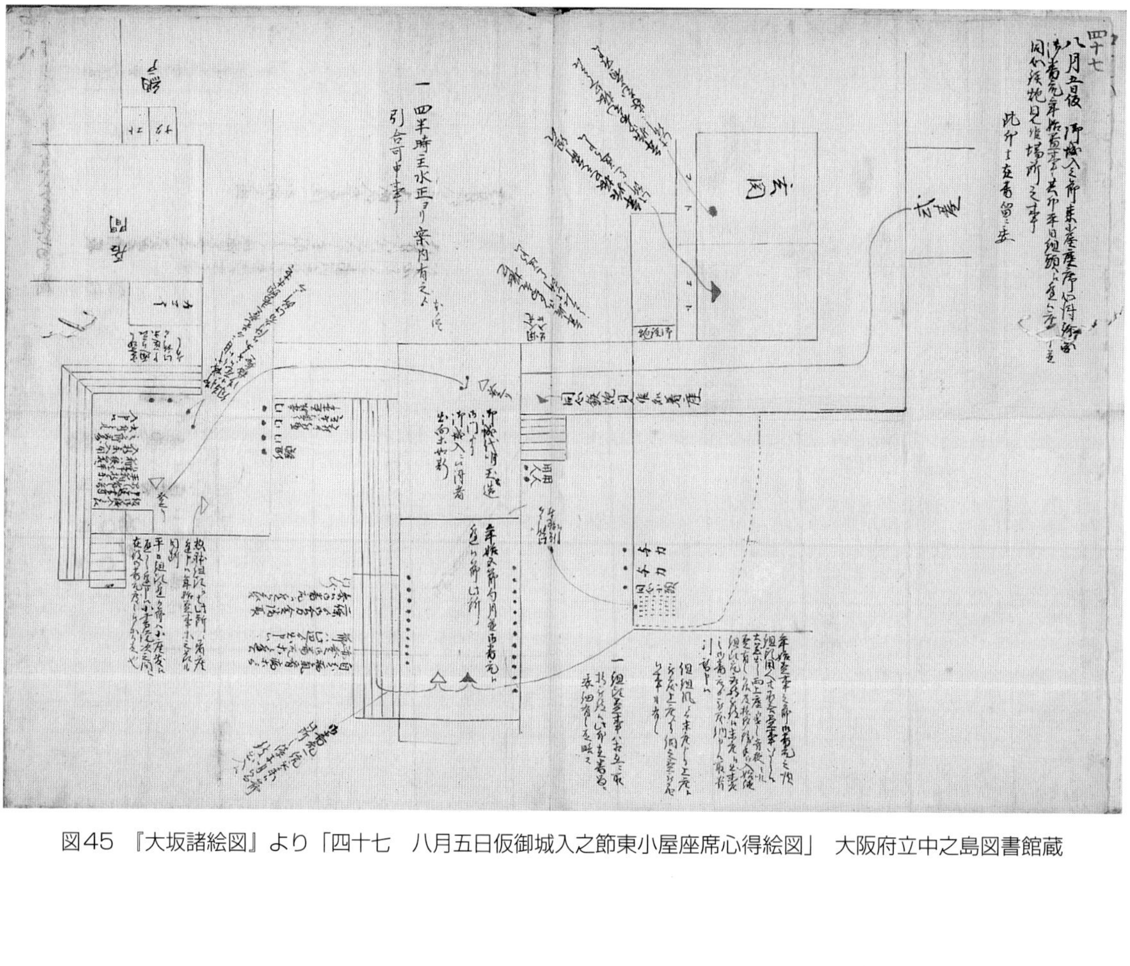

図45 『大坂諸絵図』より「四十七　八月五日仮御城入之節東小屋座席心得絵図」 大阪府立中之島図書館蔵

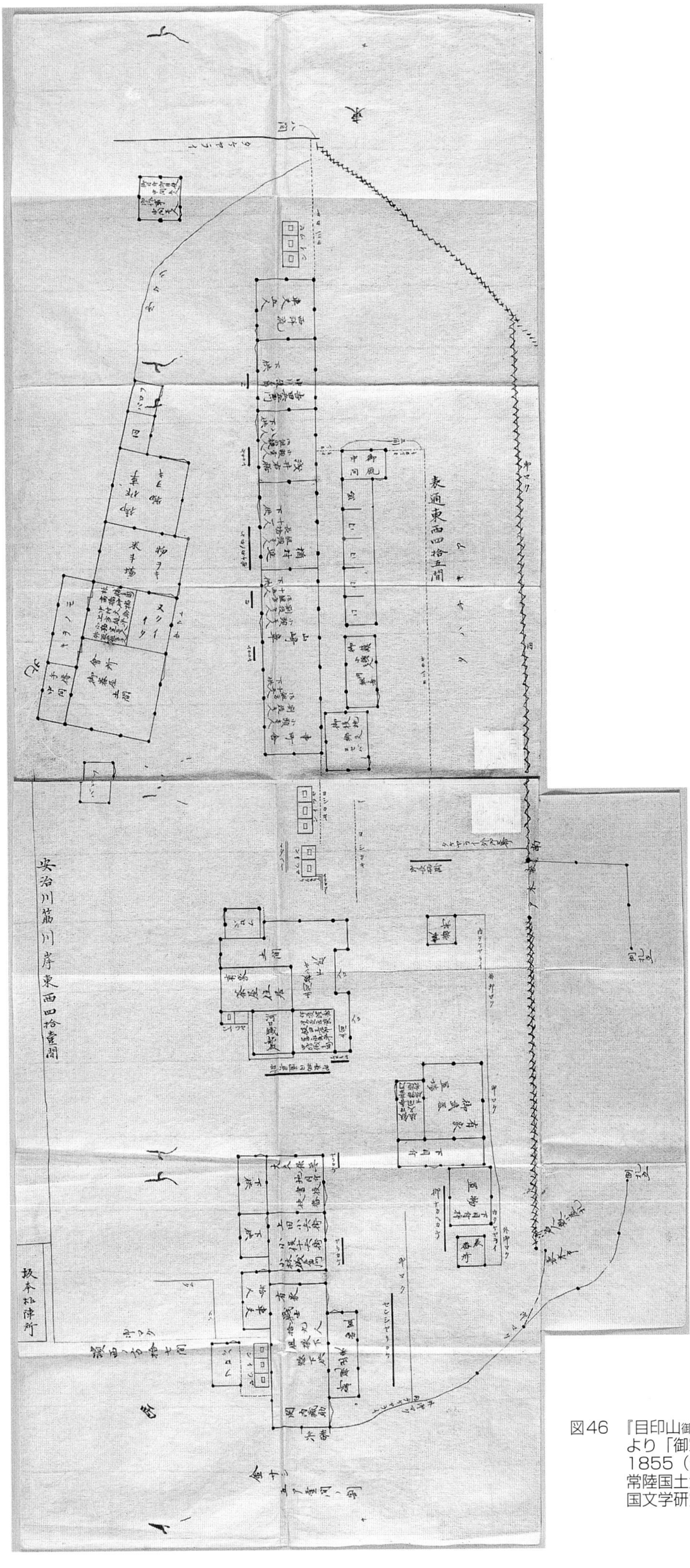

図46　『目印山御家御人数小屋・南北諸家陣所絵図』
より「御家御人数小屋絵図」
1855（安政2）年か
常陸国土浦土屋家文書
国文学研究資料館蔵

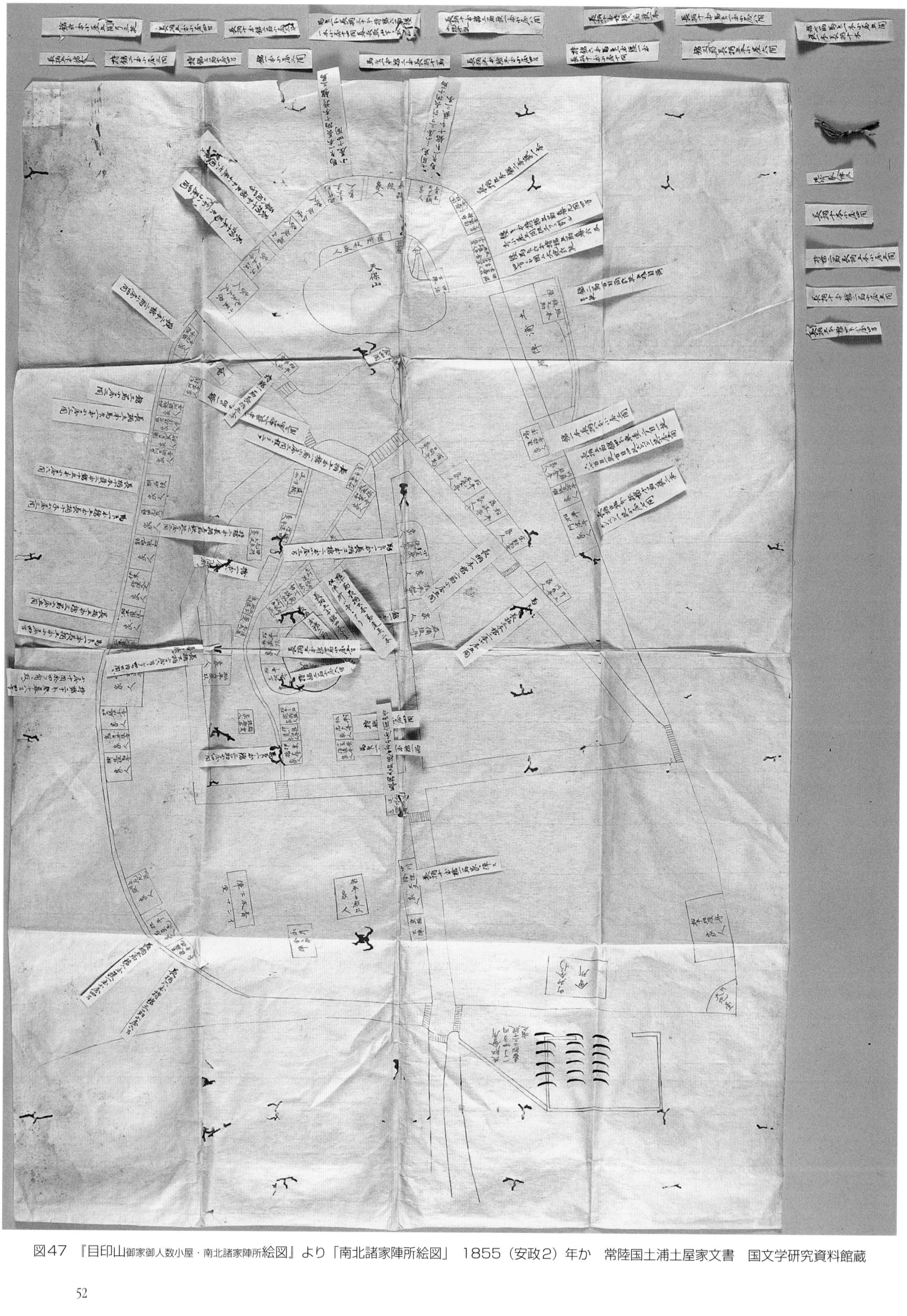

図47 『目印山御家御人数小屋・南北諸家陣所絵図』より「南北諸家陣所絵図」 1855（安政2）年か 常陸国土浦土屋家文書 国文学研究資料館蔵

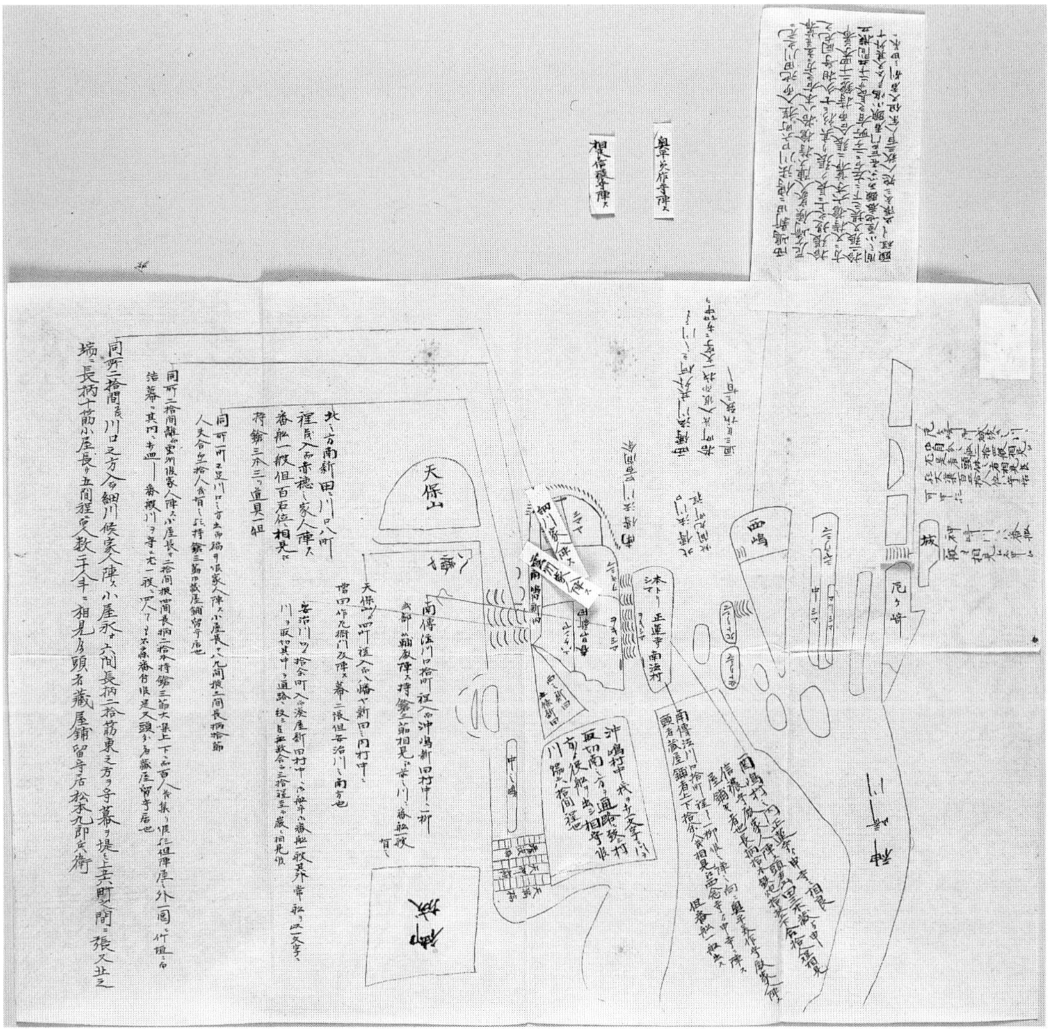

図48 『目印山御家御人数小屋・南北諸家陣所絵図』より「南北諸家陣所絵図」 1855（安政2）年か 常陸国土浦土屋家文書 国文学研究資料館蔵

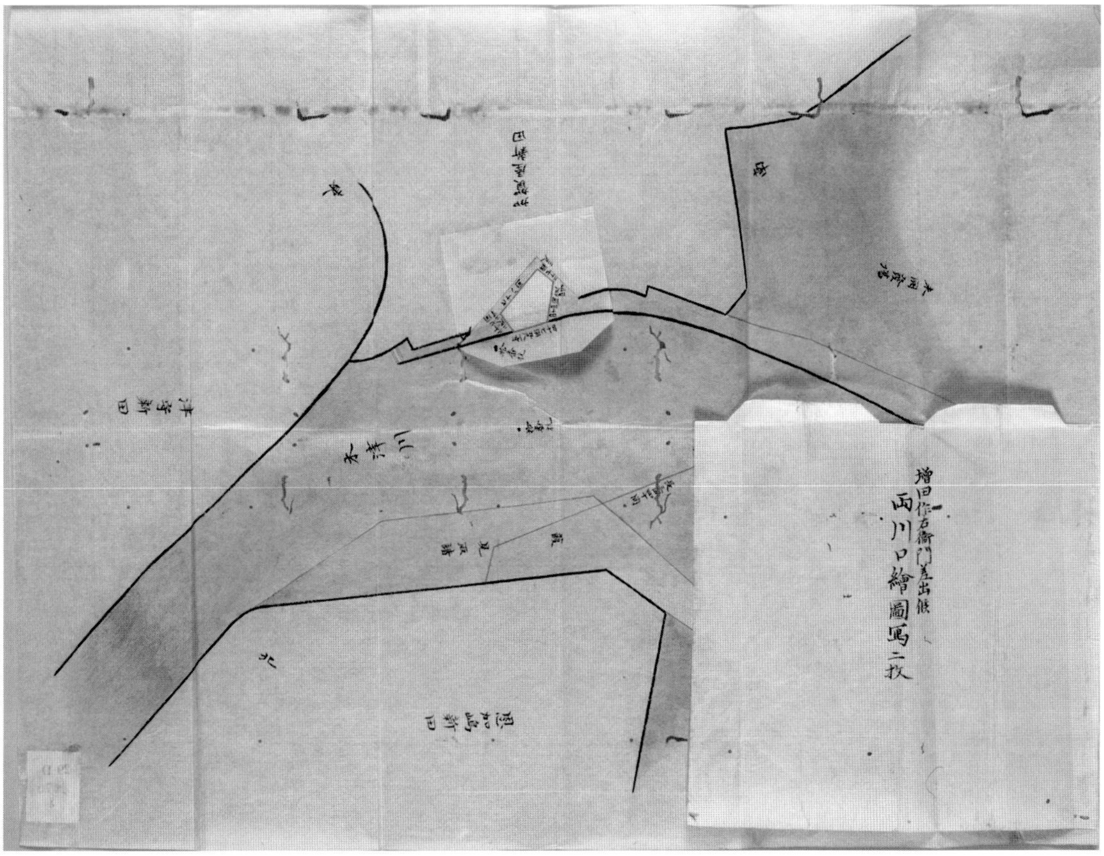

図49 『増田作右衛門差出候両川口絵図写二枚』より「木津川口絵図」 1854（嘉永7）年 常陸国土浦土屋家文書 国文学研究資料館蔵

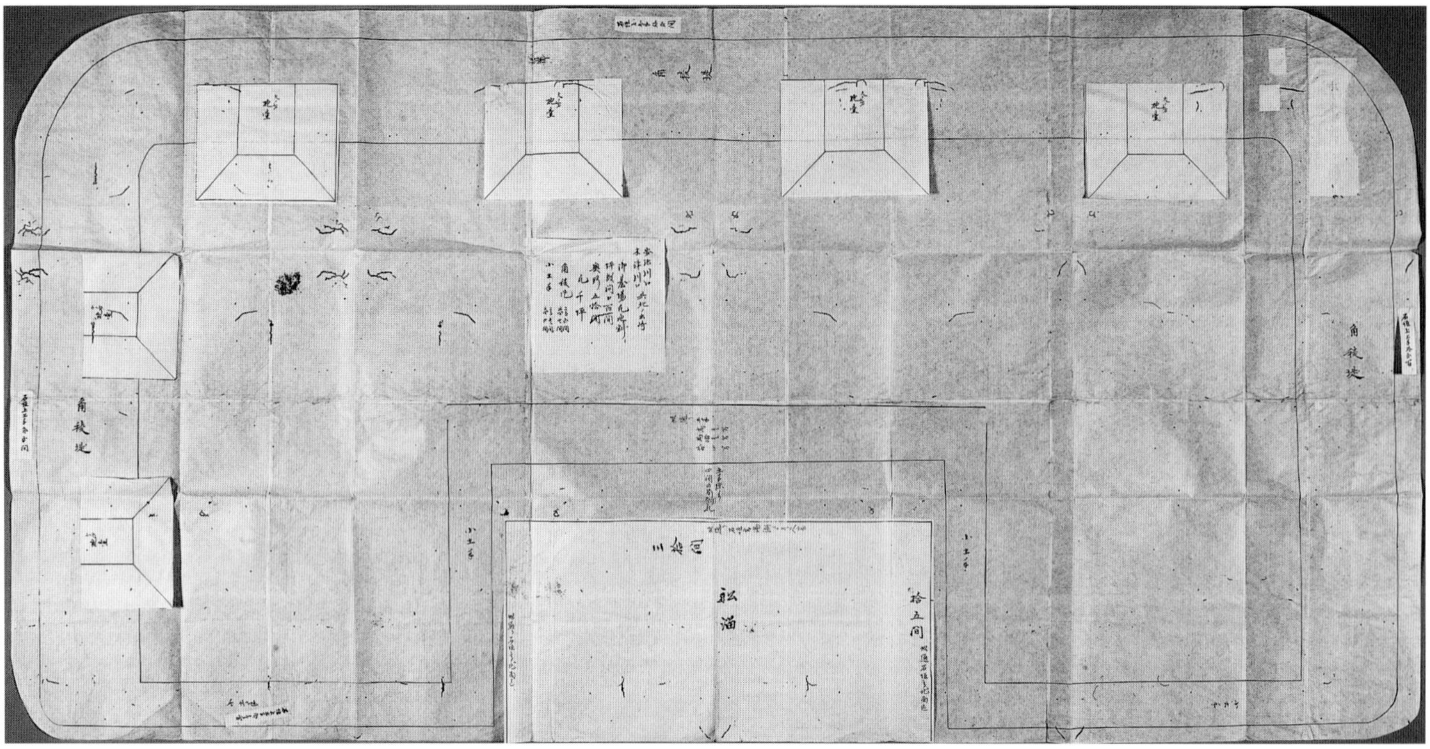

図50 「安治川口木津川口御台場地割之図」 1855（安政2）年か 常陸国土浦土屋家文書 国文学研究資料館蔵

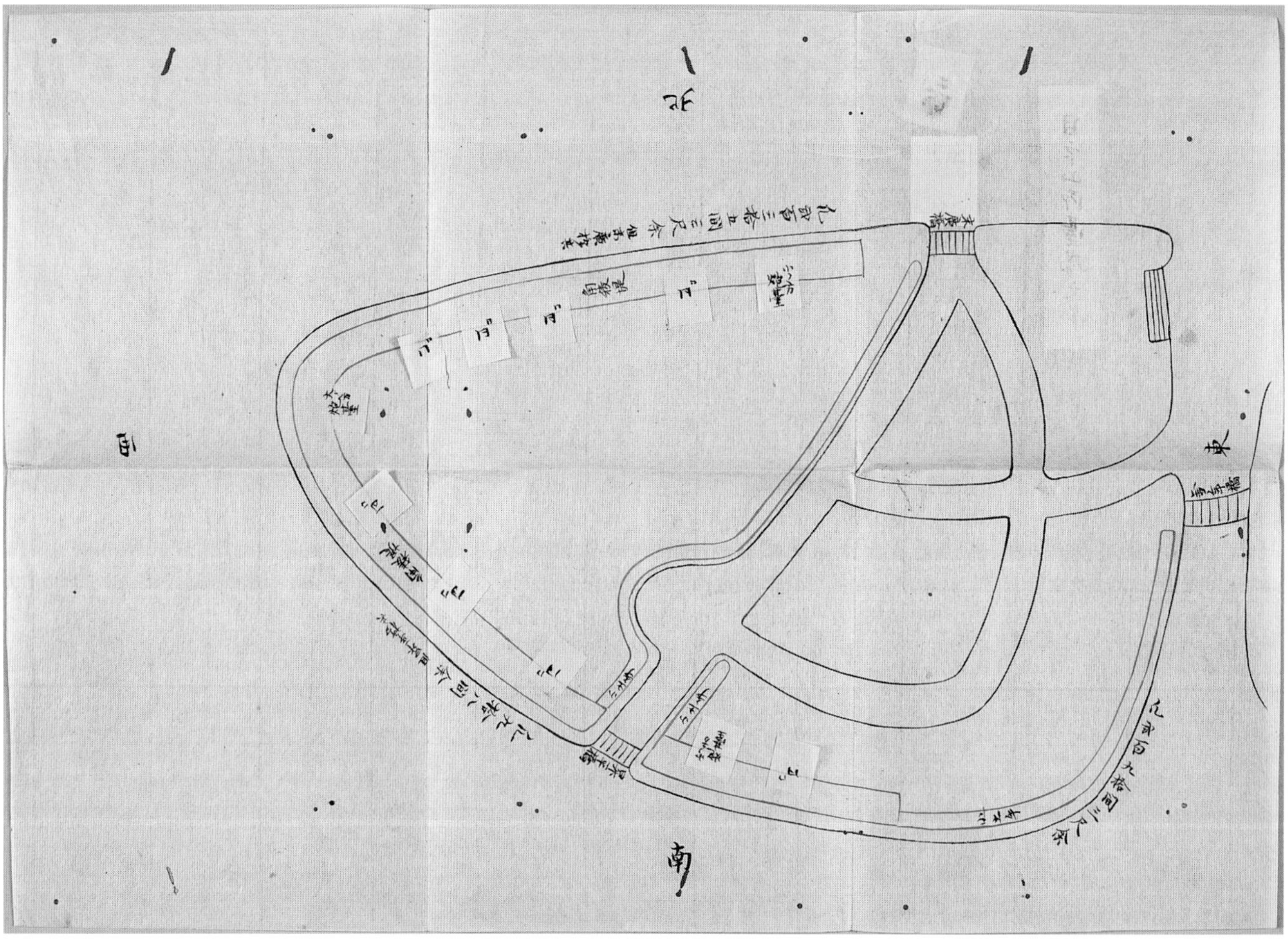

図51 「目印山御台場之図」1864（元治元）年頃か 常陸国土浦土屋家文書 国文学研究資料館蔵

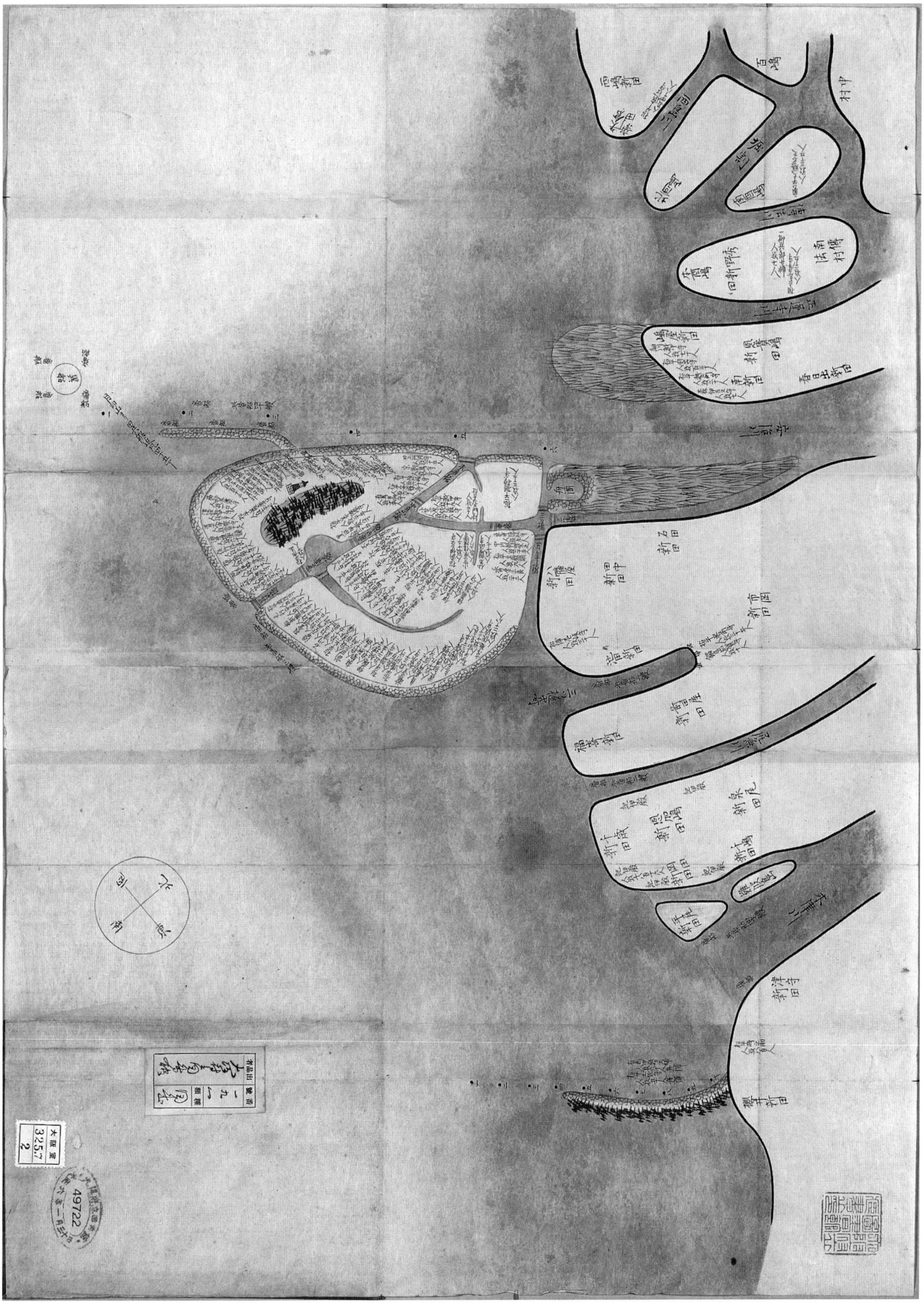

図52　「大坂両川并最寄海岸諸家固場所絵図」1854（嘉永7）年　大阪府立中之島図書館蔵

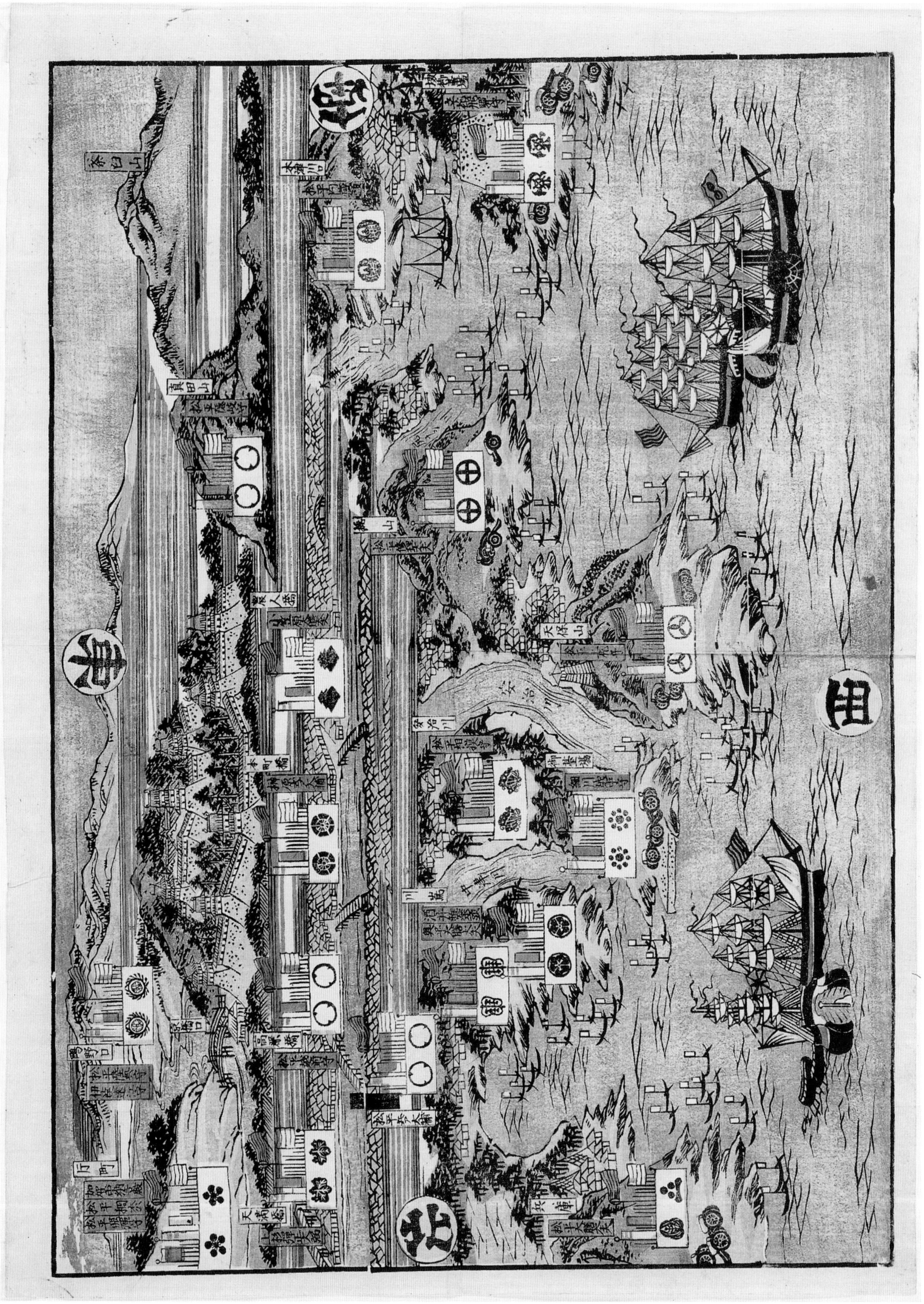

図53 「大坂御固真図」 1862-1863（文久2-3）年頃か 大阪府立中之島図書館蔵

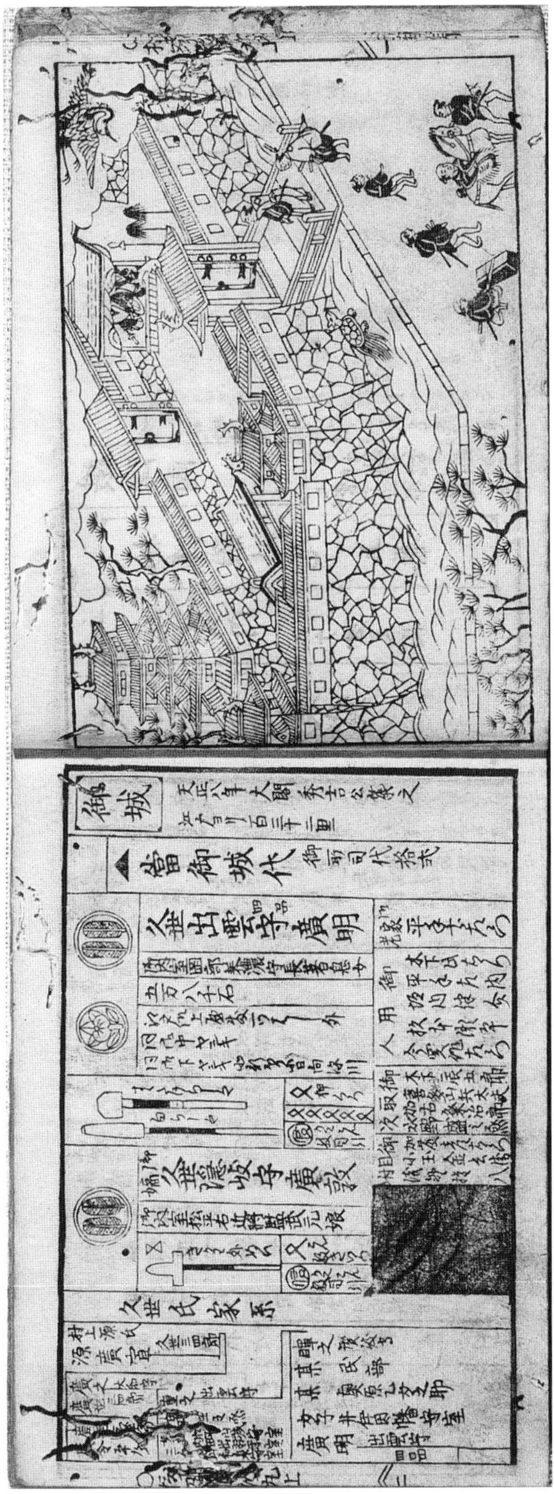

図54「難波丸綱目」1777（安永6）年版　大阪歴史博物館蔵

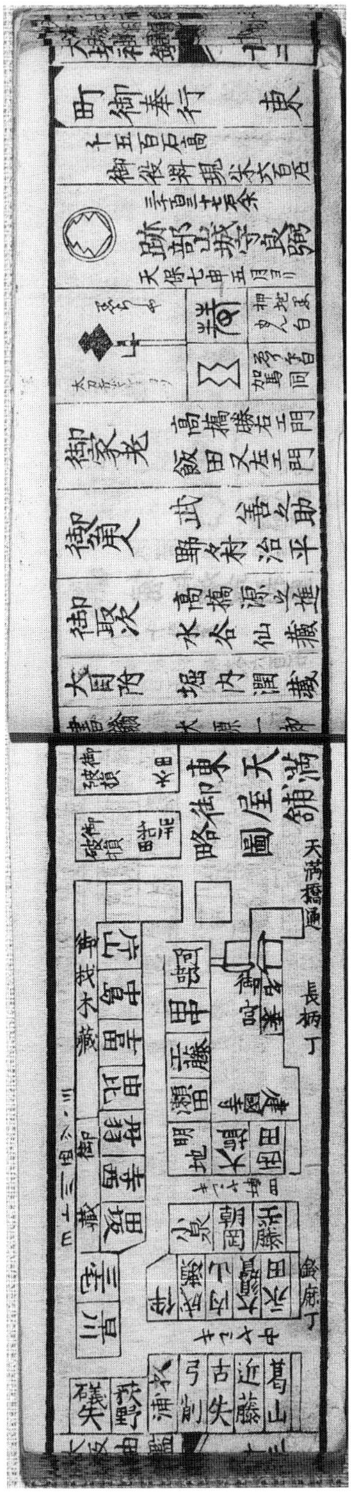

図55「大坂袖鑑」天保（1830-1844）年間　大阪歴史博物館蔵

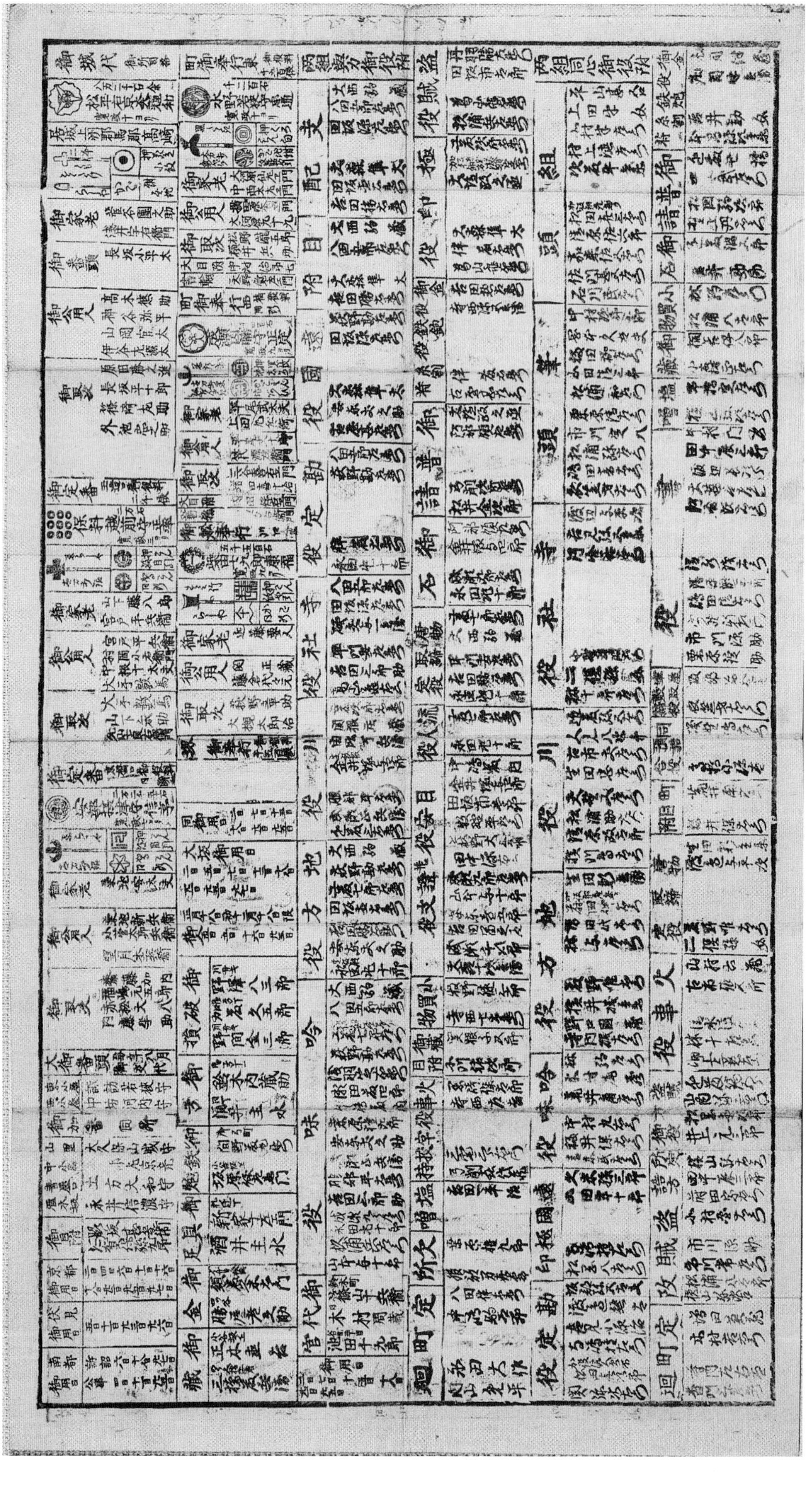

図56「浪華御役録」1799-1800（寛政11-12）年　大阪歴史博物館蔵

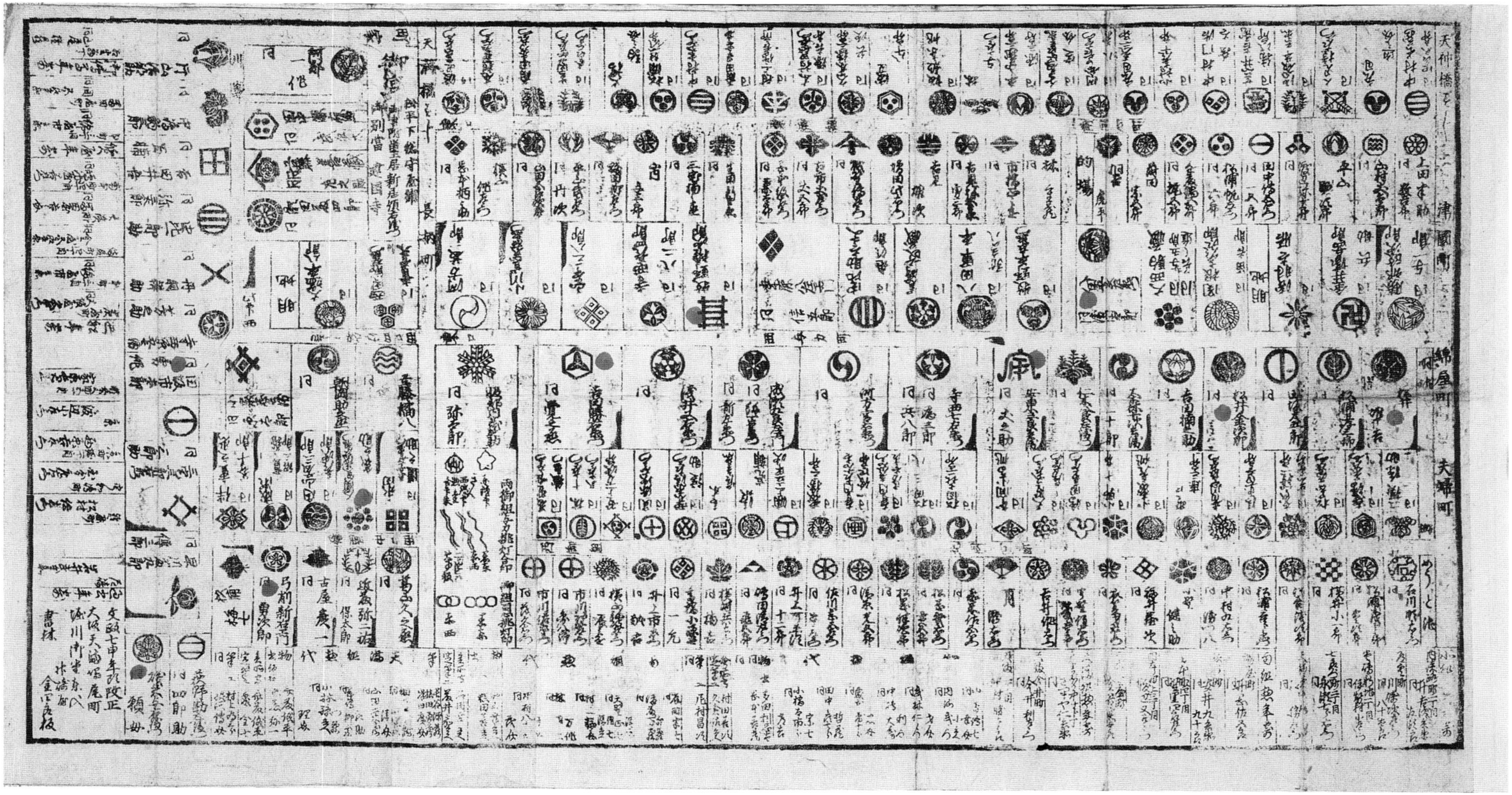

図57 「浪華御役録」 1824（文政7）年12月　大阪歴史博物館蔵

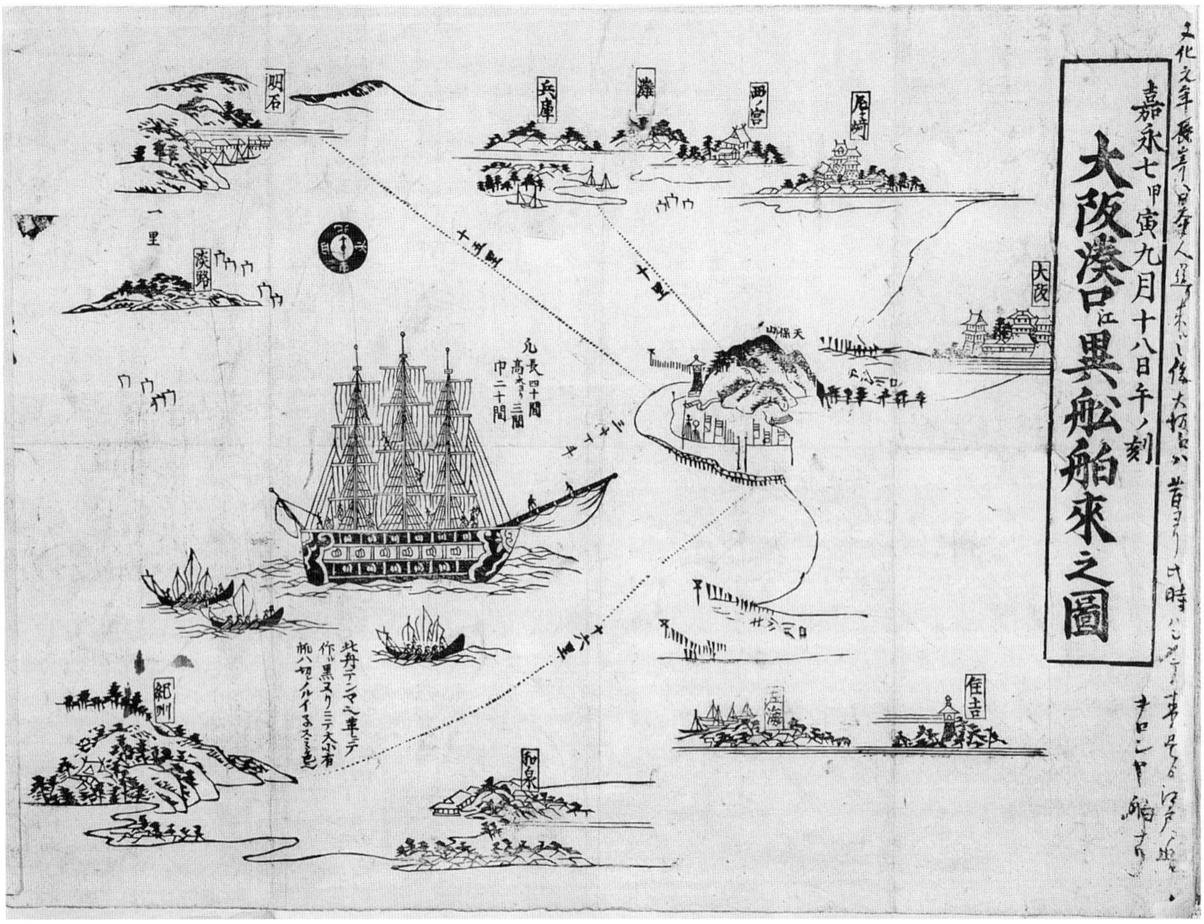

図58 『緑頭集』より「大阪湊口江異船舶来之図」1854（嘉永7）年頃　滋賀八コレクション　大阪大学大学院文学研究科蔵

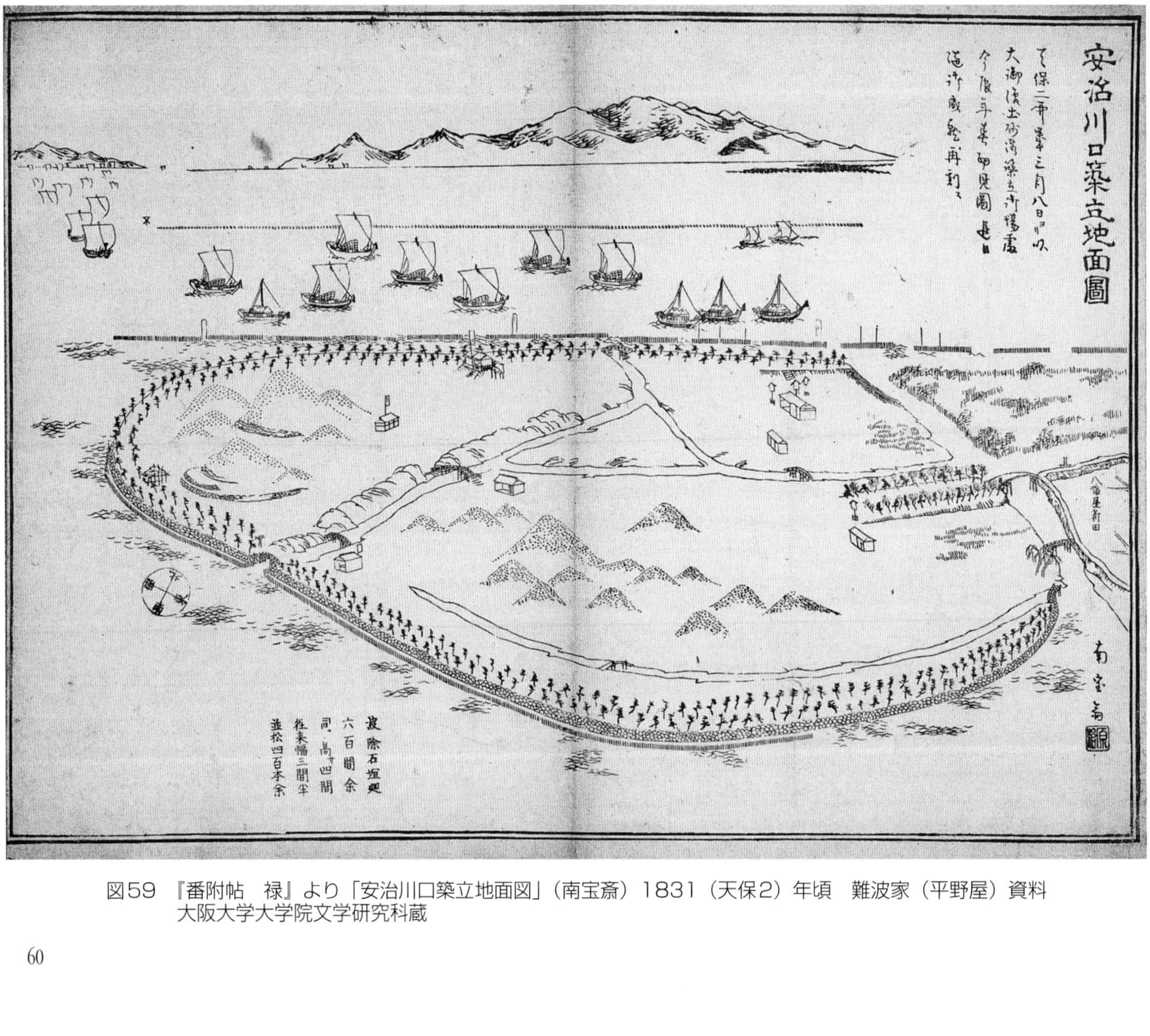

図59 『番附帖　禄』より「安治川口築立地面図」（南宝斎）1831（天保2）年頃　難波家（平野屋）資料
大阪大学大学院文学研究科蔵

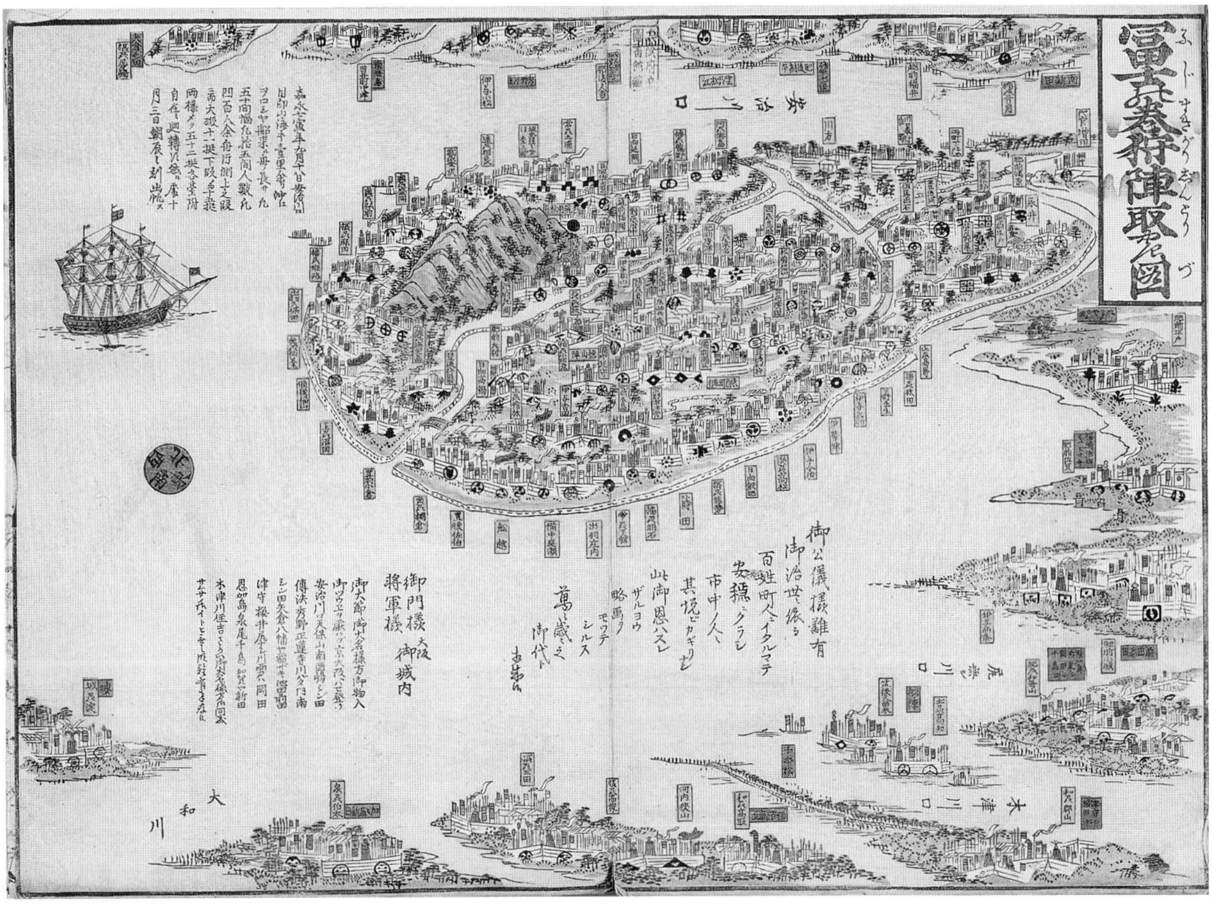

図60　『保古帖』五より「富士の巻狩陣取の図」　1854（嘉永７）年以降　大阪府立中之島図書館蔵

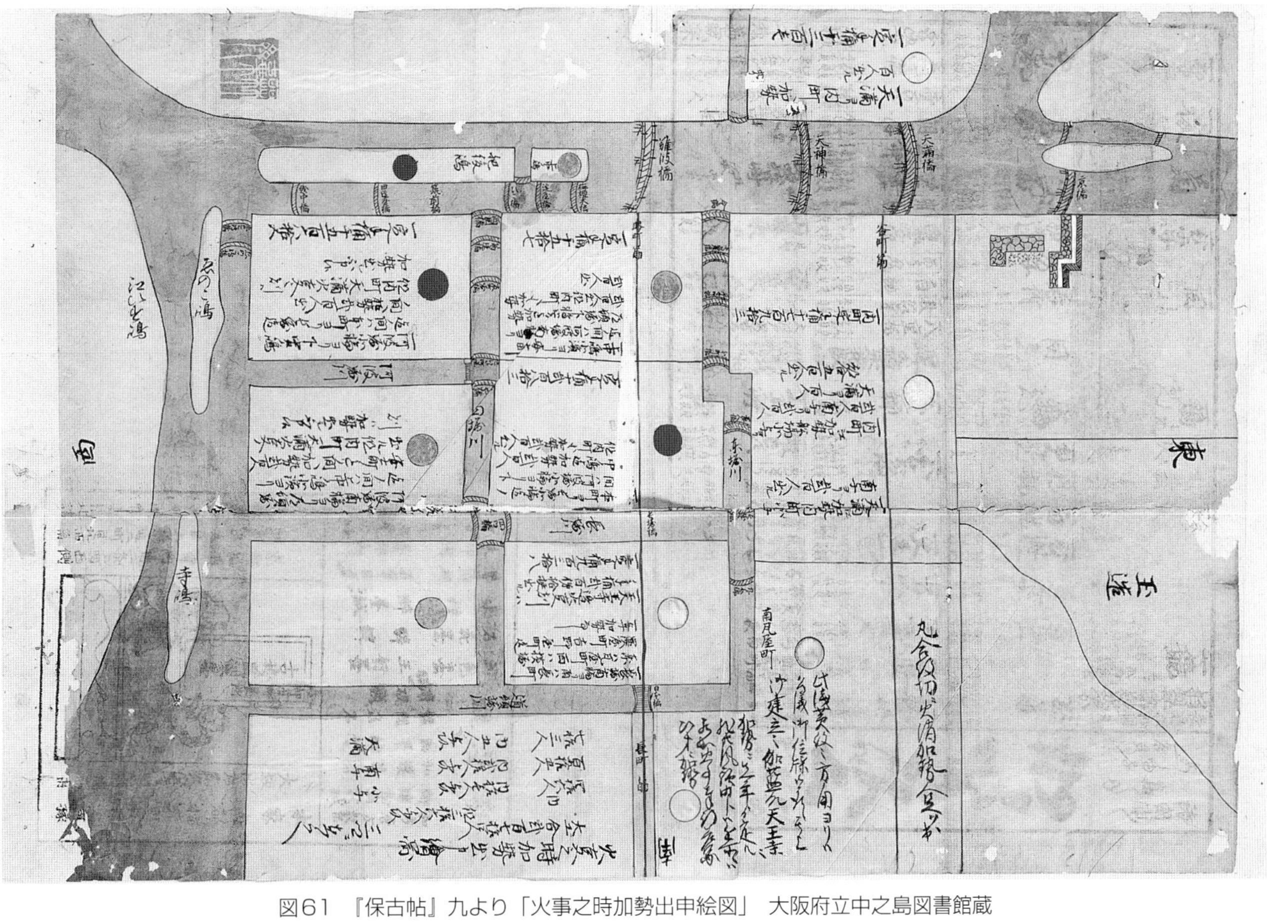

図61　『保古帖』九より「火事之時加勢出申絵図」　大阪府立中之島図書館蔵

図62 『五軒屋敷出土遺物』より木札「三州／吉田家中穂積喜左衛門□物」 1831-1834（天保2-5）年頃 （財）大阪市文化財協会保管

図63 『五軒屋敷出土遺物』より曲物「天保四癸巳年六月　穂積」 1833（天保4）年6月 （財）大阪市文化財協会保管

I　城下町大坂

――絵図・地図からみた大坂の武士の活動――

明治大学アカデミーコモン入口

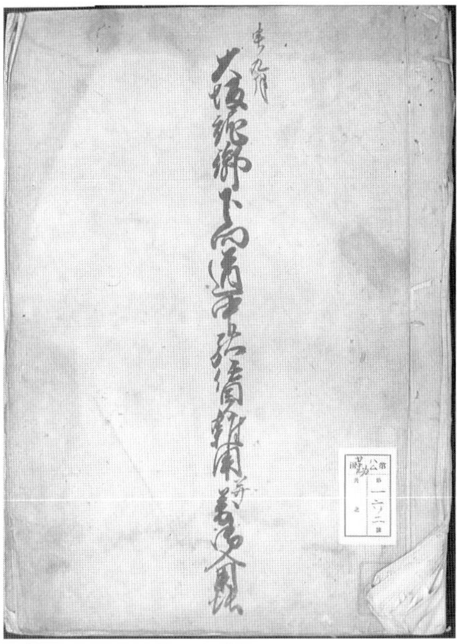

内藤家文書より1656（明暦2）年「大坂就御下向道中駄賃雑用並万入用帳」表紙

17世紀中頃に大坂城代を勤めた内藤忠興（陸奥磐城平藩）資料を含む内藤家文書は、現在、明治大学博物館（明治大学アカデミーコモン地階）に所蔵されています。内藤家文書は、近世初期の大坂城代に関わる資料を体系的に残す貴重な資料であり、本書では大名行列の作法をみていくうえで参照しました。右に掲げた資料は、内藤家文書のうち、大坂城代を勤めたのち大坂から江戸に戻った際にかかった諸経費を記したものです。

参考1　大阪歴史博物館に数多く所蔵される大坂三郷町絵図のひとつ「官正大坂図」（図4）　紙背表題

(1) 大坂の武士と絵図・地図

近世の大坂を描いた地図として、もっとも良く知られるのは木版で刊行された板行大坂図です。この種の大坂図は、1650年代以降、様々な種類の図が刊行され、広く流布することになりました。図1のような初期のものは京都の書肆を版元としていましたが、やがて1680年代以降は大坂の書肆に次第に移行していきました。

こうした印刷された都市図に対し、あまり知られていませんが手書きの大坂図も作成されていました。「大坂三郷町絵図」と一般的に呼ばれる行政用の地図です（図3・4）。都市域の管理を目的として作られたと考えられる地図で、17世紀中頃以降、作成され続けました。近世を通じて作成され続けたことは、江戸や京都といった他の地域と比べてみても特徴的な現象といえます。しかし、付帯する資料が乏しいため、現在までのところ写しも含めて30点以上もの絵図が確認されていますが、その目的や用途の詳細は分からないままとなっています。

近世の大坂は町人の町という印象が強くあります。近世中期には40万人に達したとされる町人の経済活動は非常に大規模なものでした。その一方、大坂は、幕府の直轄都市であり、番城である大坂城が、西国に対する軍事拠点として形成されました。町人の数には劣るものの、城代を統括者として1万人前後の武士が活動していたようです。城代や定番といった主な役職は、譜代大名や直参の旗本らが幕府から派遣されて定期的に交代して勤めました。彼らは、家臣団を引き連れて大坂城に赴任し、城代や定番は妻子を連れてくることも許されました。これに、大坂に地付きの役人や公用人らが加わります。近世を通じた大坂城を中心とする武士の活動については、その重要性が近年新たに評価されるようになり、研究がすすめられています。

ところでこうした役職の引き継ぎのあり方は、大坂の武士の活動を知る資料が、現地に残りにくい構造を生む要因となりました。それは、城代や定番といった要職を勤めた武士が、ごく一定期間しかその任を担わないとともに、大坂に全く拠点を持たなかったからです。城代を勤めた後は、京都所司代や老中といったほかの要職を勤める場合

参考２　筋鐘御門付近を歩く武士　『浪花百景』より「筋鐘御門」（図31）（安政（1854-1860）頃）　大阪歴史博物館蔵

も多く、また譜代大名のなかには転封を繰り返して全国を移転するものも少なくありませんでした。例えば、天保の改革で知られる老中の水野忠邦（1794-1851）は、老中を勤める以前に大坂城代や京都所司代の役職に就いていました。

そうして全国に大坂城の活動をしるした資料が散在するとともに、資料そのものが消失していくことになりました。城代を勤めた大名家の資料をみると、老中といった最終的に勤めた要職や、江戸や自身の領地に関するものが多く残る傾向が強く認められます。それは、今に至って近世の大坂における武士の存在への認識が薄くなってしまった主な要因といえます。こうした幕府の要職を官僚的に勤めた譜代大名らの活動の内容についてはまだまだ不明な点が多く、大坂城代をはじめとした役職者とその家臣達による大坂城での活動についても同様です。

大坂城に赴任した武士

それでは近世の大坂ではどのような武士が活動していたのでしょうか。以下ではその主だったものを見ていきます。大坂城内に役宅としての屋敷や小屋をもち、その守衛の任の中核を担ったのは、城代、定番、大番、加番でした。

西国の大名を統帥する任を担った城代は、原則として5万から6万石程度の譜代大名が任命され、大坂城に赴任してきました。その場合、全ての家臣団を引き連れてくる場合と、一部の家臣団を領地に残して赴任してくる場合とがありました。そして、家臣や足軽などが守衛を担当しました。城代の職は、近世を通じ70代にわたって引き継がれました。その任期は必ずしも定まってはおらず、数ヶ月から20年以上も勤めたものもいましたが、おおむね1年以上を勤めました。

定番は、城代に次ぐ役職として大坂城内の守衛と管理を担い、城代の職務を補佐しました。玉造口と京橋口両門の守衛として2名が置かれました。1万から2万石の比較的小規模の大名が勤め、それぞれ家臣を伴って着任しました。これに、地役人として与力・同心も付けられ、彼らが守衛を担いました。ちなみに、役宅が城外に位置した大坂町奉行も在坂役人のなかでは、城代に次ぐ位置にいました。東西の大坂町奉行は大坂城の西の外側に役宅を持ち、1000石から3000石程度の旗本が原則として任命されました。そして彼らは、市中や支配国の支配を統括しました。

これに対して大番と加番は、いずれも1年交替の勤番制の軍役でした。大番は将軍直参の旗本で全12組あり、それぞれ2組で大坂城と二条城を、残る8組が江戸城を守衛しました。これに与力・同心が附属しました。また、加番は1万から2万石の小規模の大名が勤めました。附属の役人はなく、任命された大名が軍役に応じて兵力を整え、大番の加勢を担わなければいけませんでした。大坂城内には、山里加番、中小屋加番、青屋口加番、雁木坂加番が配置され、このうち山里加番が最も格式の高い位置付けでした。これに旗本の観察を目的とした目付が、半年から1年交替で勤めており、城内の小屋に赴任しました。

そのほか、大坂城の外に役屋敷を有した役職として、鉄砲奉行、弓奉行、具足奉行、金奉行、蔵奉行、破損奉行、船手などがあり、それぞれに同心や手代などが附属されました。彼らは江戸に屋敷を与えられている御目見以上の格式の者で、大坂城外に役屋敷を与えられて赴任してきました。

城代資料と絵図・地図

先に述べたように、城代をはじめとする大坂城の活動をしるした資料は全国に散在しており、今後の資料の集積や研究が待たれます。ここでは、そうした活動の一端をみていくうえで、絵図・地図という資料に注目してみました。絵図・地図は、文字では表現しきれない情報を描きます。空間の広がりや相対的な位置関係などを文章で表現することは難しいからです。武士達は大坂で活動をすすめていくうえで、様々な絵図・地図を作成することになりました。さきほど触れた大坂三郷町絵図もそのひとつといえます。

城代を勤めた譜代大名を中心とした資料をみていくと、多様な地図が作成されてきたことが分かります。そうした地図を含む資料として、大坂への移動、武家屋敷の管理、湾岸警備の展開に関わるものが挙げられます。以下ではこの順に従って説明します。もちろん大坂における武士の活動がこれらに限られる訳ではありませんが、主なものはこれでカバーできると考えられます。

城代らは、江戸から行列を組んで赴任してきました。それは、赴任する大名にとって大きな出来事であり、行列図として描かれ後世に残されました。非常に数が少ないものの、いくつか確認されます。大坂に到着すると、しばらく町に滞在した後、大坂城に登城することになります。役の交替、

参考３『大坂諸絵図』の四方帙　羽間文庫　大阪歴史博物館蔵

城内の見分などを行いましたが、それらは様々な儀礼的な行動を伴うものでした。そうした場面に求められる作法を絵図・地図としても表現し、実際に参考にされました。こうした図は今でも多く確認され、数多くの資料が作成され引き継がれていたことがうかがわれます。

大坂に赴任してきた城代らの武士達は、城内外の屋敷や小屋に居住しました。それは今の公務員宿舎に相当するものといえます。日々の業務をすすめるともに、日々居住する屋敷や小屋の管理は大きな関心事であったと考えられます。屋敷の管理に関して残された図は、赴任時の屋敷の引き継ぎや家臣の割り付け、破損時の修復といった場面で作成されたものでした。普通の城下町に住む武士にとって屋敷は拝領するものでしたが、大坂では短期的なサイクルで引き継がれていくものでした。

幕末、ロシア軍艦が天保山沖に停泊したことを受け、大阪湾近郊の海防対策が現実のものとなります。天保山（目印山）を中心に諸大名の武士達が陣をはって警戒にあたることになりますが、その時の計画や実施に際して作成された図面も数多く残されています。大坂城での活動に直接関わる資料としては、城そのものの資料に次いでこの種の資料が多いのかも知れません。また、市中に出回った刷り物（瓦版など）の類についても非常に多くの種類が作成されており、当時の関心の高さをうかがわせます。

儀礼と地図

城代が江戸から着任し、大坂城の内外で日々の業務をすすめていくうえで、様々な儀礼や儀式としての対処が求められました。次々と交替する城代を、公用人らが留書などを作成し、それを引き継いで支えました。特に恒常的に必要とされる儀式的な図については、城内の配置の図面とともに「大坂諸絵図」と題した資料群としてまとめられ、引き継がれていったようです（図16～19、38～45）。職務を書き留めた書冊のなかにも、儀式的な作法を描いた図が挿絵として認められます。役の交替、年中行事といった場面での着席位置や歩く道筋、刀の置き場所、周辺の寺院への参拝の手順などが1枚の図に表現されました。こうした資料はこれまでほとんど注目されてきませんでしたが、城代らの日々の活動を知るうえで、重要な資料になると考えられます。　（鳴海邦匡）

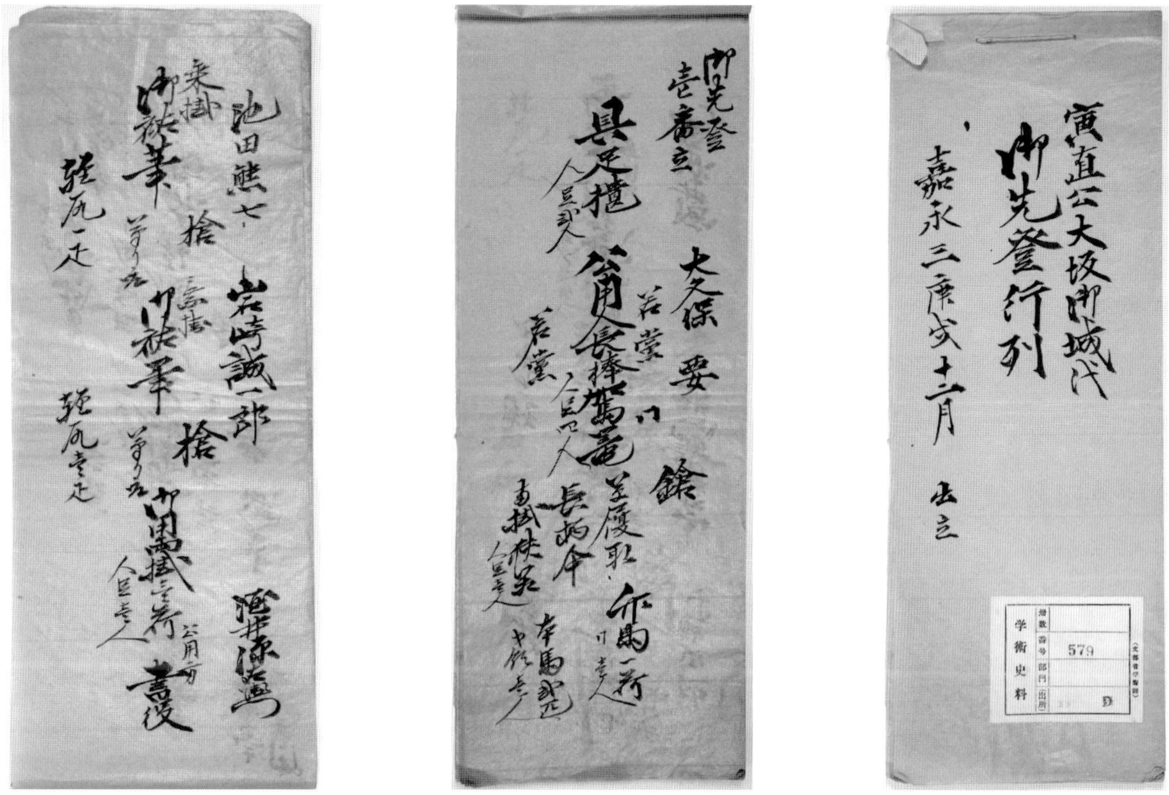

参考４　「寅直公大坂御城代御先登行列」の表紙、１丁表、１丁裏（右より）　1850（嘉永３）年12月　常陸国土浦土屋家文書
国文学研究資料館蔵

(2) 大坂城入城

道中の行列

城代や定番などとして大坂城へ赴任することが決まると、江戸において彼らは誓詞血判や挨拶などの手続きを済ませ、江戸から大坂に向けて出発しました。おおよそ15日程度で到着したようで、思いのほかはやい速度で移動した印象を持ちますが、江戸時代ではそれが普通でした。

その間の行程は、行列を組んで行軍していくことになりました。いわゆる大名行列です。この大名行列は、一般的に、先払いを先頭に、鉄砲や弓などの武具類が続き、それに家臣に囲まれて大名の駕篭や馬、その後に諸道具が続くという隊形になっています。こうした行列の隊形は、図35のように文字でそれらの展開を示したものもあれば、図13や図15のように行列図として表現されたものもあります。こうした大坂城に向かう、もしくは大坂城をあとにする行列を表現した資料として、文字で書いたものは比較的よく確認されますが、絵で描いたものはあまりみられません。

図13は、上野国の外様小藩であった七日市藩主の前田利和《としよし》（1791-1839）が、1820（文政3）年に加番を勤めた際、その一行が大坂城に入城する状況を描いたものです。巻子本の資料で、長さが23メートル近くもある長大なものとなっています。藩主利和による1832（天保3）年12月付の端書に続いて、大坂城が描かれ、登城をひかえた玉造口周辺の様子が表現されており、この図が加番として大坂城に入る場面を後年に描いたものであることが分かります。そして最後の藩主による奥書では、「木曽路帰道之記」と題して、大坂城での1年の様子を振り返りながら、その勤めが無事に終わったことを回想しています。

次に描写の中心となる行列をみていきます。主だった家臣には、その役や名前が記されており、隊列の構成を読みとることができます。行列は、先払を勤める足軽小頭や先立用人役を先頭に、簱奉行、鉄砲奉行、弓奉行、長柄奉行など以下の武具類の組が続きます。その後に藩主が続くことになります。藩主の乗った駕篭の前方では、槍持が槍を投げ渡すといった奴振りが行われており、そ

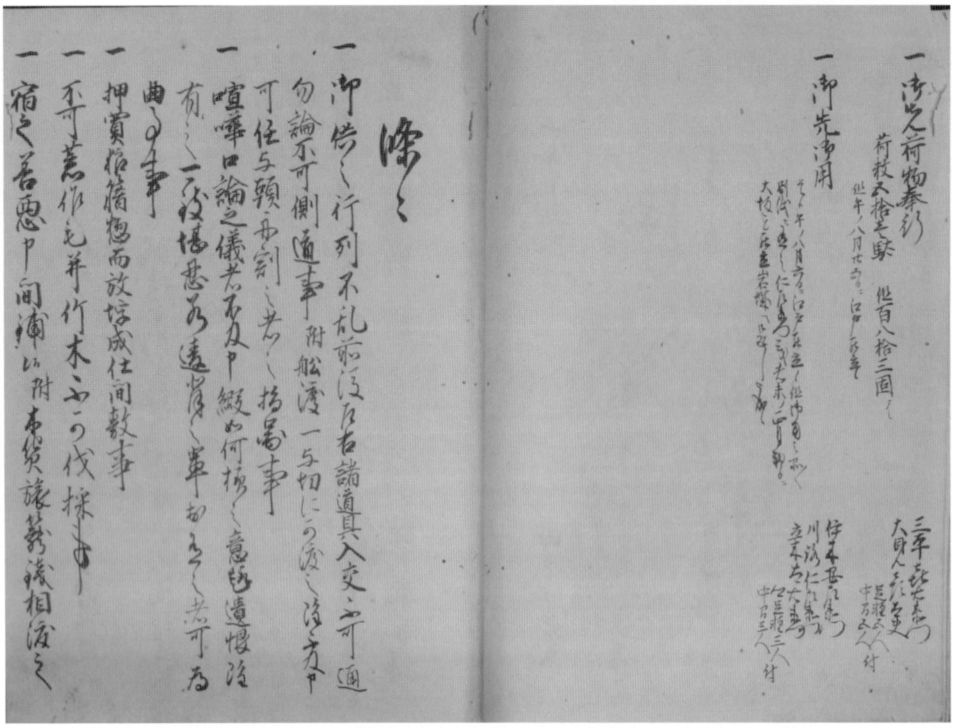

参考５　「午八月　就大坂御番御供之面々万被仰附御定帳」より1654（承応3）年8月29日付「條々」　内藤家文書
明治大学博物館蔵

の後を家臣らに囲まれた藩主の駕篭が続きます。駕篭の前には供頭がつきました。藩主の駕篭のすぐあとには藩主の馬や乗り換え用の駕篭もみえます。そして、納戸役、医師や外科、米役、祐筆、目付、料理人、坊主らが続き、最後の隊を家老の保坂杢がつとめていました。

この行列図をみると家臣らは軽い礼装である羽織袴を着用しているほか、押袴で割羽織を着た足軽など、それぞれの身分に応じた服装を着用していることが分かります。これらの服装が、羽織に股引といった旅姿でないことから判断して、この行列図が、旅の途上ではなく、大坂城への登城の直前を描いたものであったと考えられます。足軽らの羽織った羽織の背中には前田家の大きな紋が示されるほか、武具や馬具、挟箱や長持といった諸道具箱などにも寄梅鉢の家紋が書き込まれています。行列それ自体は近世中期以降、次第に質素になったとされますが、それでも描かれた様々な道具や多くの人々の様子から、その勇壮さがうかがわれます。

図15は、信濃国の譜代藩であった上田藩主の松平忠優《ただます》（忠固）（1812-1859）が1845（弘化2）年から大坂城代を勤めた際に大坂城に赴任した行列を描いたものです。松平忠優は、奏者番、寺社奉行から大坂城代になり、その後老中まで勤めた人物でした。この行列図は、家臣の家に所蔵されていた写しと判断される資料で、巻子3巻で1組となっています。先にみた加番の行列にくらべるとラフなスケッチですが、合わせて25メートル近くにもなる長大な巻物となっています。こちらの図は、股引姿で笠をかぶっている旅姿の様子から判断して、行程途上の行列を描いたものであることが分かります。この行列の隊形をみていくと、先にみた行列と基本的には類似したものとなっています。ただし、旅の途上であることから、先頭には、関札の長持、宿割や川（舟）割を担当した役人など、旅に関わる業務を担当するものが配置されています。ちなみに関札とは大名が本陣で休泊することを表示するために掲げた札のことを指しますが、それは藩が自前で用意するものとされていました。

こうした行列は大名の格式に応じて規模や内容が規定されていますが、道中での行動についても各藩それぞれに厳しく法度が定められていました。参考5は、陸奥国磐城平藩主の内藤忠興（1592-1674）が城代として大坂城に1654（承応3）

参考6 「七日市藩主大坂登城行列図」（図13）より玉造口入城の風景　群馬県立歴史博物館蔵

年に赴任するおりに取り決められた道中法度の一部です。そこには、行列を乱さないこと、喧嘩や口論をしないこと、押買狼藉をしないこと、作物や竹木を取らないこと、宿の善し悪しの評価を話さないこと、賭け事や酒宴をしないことといった内容が規定されています。多くの人数を伴って他の領域内を行軍することは、不測の事態を引き起こす可能性が高いものと考えられます。それを未然に防ぐために、こうした法度が定められました。

入城の配置と儀礼

一行が大坂に到着すると、登城して交替の儀式を行うまでのしばらくの間、市中に滞在することとなります。図36は、先に触れた内藤忠興一行が大坂に到着した際、滞在した宿割の図です。大坂城の西側、谷町筋と平野町通に囲まれた区画の町家を借りて滞在したことが分かります。本陣は釣鐘町の平野屋六右衛門宅に設けられました。この図面には朱引きで、宿に入るルートまで示されており、藩主は谷町筋から釣鐘町通を抜けて宿入りしたことが分かります。また、辻々には計16ヶ所の番所を設けて足軽を置き、昼間は2名、夜間は4名を配して警備にあたりました。また、加番についても同様に、大坂入りした後、入城までの間、市中に滞在しました。その間、御用町人らの挨拶を受け、彼らから城内でのしきたりの説明を受けたりしました。

やがて、大坂城に入城し、役を交替することになります。先にみた「七日市藩主大坂登城行列図」のはじめに描かれた玉造口の風景（参考6）は、まさにこうした場面を描いたものでした。例えば、その加番の交替についてみてみると、夜半から準備をはじめて宿をたち、明け方までに大坂城に入る門で待機することになります。図14は、こうして門の前で隊列を組んで待機する配置を示したものです。門の前の道を、提灯を掲げ、鉄砲を携えた一隊が二列に挟んでいる様子が分かります。そして、夜も明ける6時、太鼓の合図とともに交替の儀式がはじまり、これまで勤めた大名一行が退城した後に、大坂城に入っていくこととなりました。8月初旬からはじまる加番の交替は、山里加番から毎日順番に実施され、次いで大番の交替が実施されました

こうした役の交替やその後の挨拶は、定まった形の儀式として執り行われました。先にみた『大坂諸絵図』には、そうした様々な場面について、

各役人達の規定された席次や歩く道筋などを示した図がたくさん含まれています。儀式の本番では正しい行動のパターンを正確に把握しておく必要がありました。こうした図は、実際に儀式を進めていくうえで参考にされ、そのため、重要な引き継ぎ資料として受け継がれたものと考えられます。

入城をみるひとびと

大坂城に赴任してきた城代や定番は定期的に、大番や加番に至っては1年毎に交替していました。その結果、大坂城での交替の儀式は毎年のように行われるようになっていました。そうした交替の儀式は、大坂の町人にとって、楽しみなイベントのひとつとして認識されていたようです。19世紀はじめに書かれたとされる『金城聞見録』には、そうした様子が記されています。それによると、町人達は門のまわりに集まり、武器を携える武士達が、夜半から城外の芝地に露営し、やがて門の前で隊列を組んで入城していく様子を勇壮で美しい景色として見物していたといいます。

（鳴海邦匡）

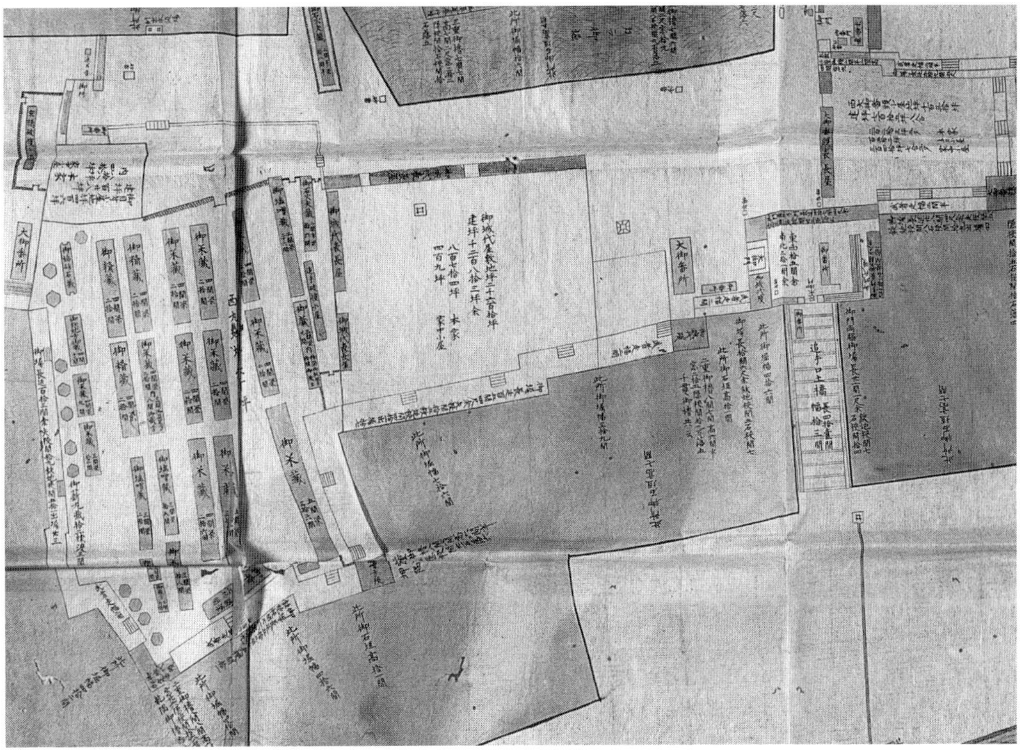

参考7　「大坂城図」より大坂城代上屋敷周辺　鷹見家歴史資料　古河歴史博物館蔵

(3) 大坂の武家屋敷

幕府の役人として大坂に派遣された大名や直参の旗本らは、用意された武家屋敷に居住しました。その武家屋敷は、まさに赴任先の宿舎に相当するものでした。それらの屋敷は、城の内部や周辺(旧三の丸)、市中の一部に集められました。大坂城のまわりに集まる武家屋敷の配置は、行政用に作成された大坂三郷町絵図（図3・4）に示されるのはもちろんですが、当時の板行大坂図（図1・2）や武鑑類（図55～57）にも載せられました。そのことからも武家屋敷の場所が一般にも大きな関心事であったことがうかがえます。

城内の屋敷

大坂城内の二の丸には、城代、定番、大番、加番の屋敷や小屋が置かれました。それぞれの屋敷の配置は、大坂城を描いた図5から図7にみられ、城内守衛の任も担いました。それらは、門や塀によって独立した空間となっており、自由に行き来できない構造になっています。実際、城外のみならず城内の移動についても、鑑札を必要とするなど厳しく管理されました。

しかし、これらの屋敷の図面はあまり多く残されていません。残された資料は、建物の修復といった緊急時に作成したものが中心となっています。本丸の西側、追手口から入った北側に位置した城代の上屋敷を描く図8は、そうした修復時に作成された図面です。2610坪の土地に700坪以上の建物が建てられ、城代が政治を司る空間と居住する空間、そして家臣の居住する空間が確認されます。後年のものと考えられる参考7では、敷地面積は変わらないものの、城代上屋敷の建坪が、本家874坪、家中小屋409坪の計1283坪と記されています。ちなみに、この資料は天保期に家老として、城代の藩主土井利位《としつら》（1789-1848）を補佐した鷹見泉石（1785-1858）によるもので、大塩平八郎（1793-1837）の乱の平定に手腕をふるった人物でした。

本丸の南側、つまり追手口から玉造口の間には、東西対になって大番頭屋敷と大番衆小屋が置かれました。そして本丸の東側、玉造口から青屋口にかけては、玉造口定番屋敷、雁木坂加番小屋、中

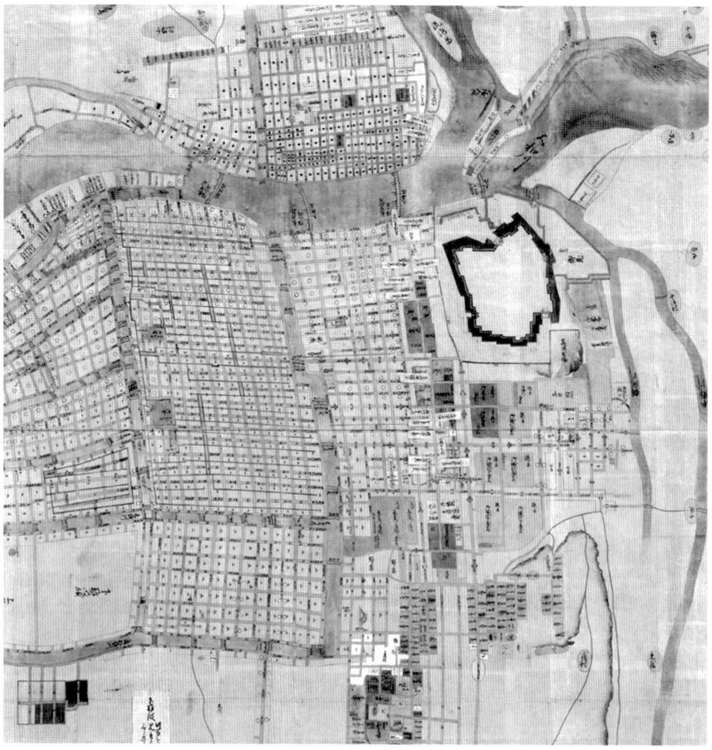

参考8 「大坂町中並村々絵図」(図3)より大坂城周辺 国立国会図書館蔵

小屋加番小屋、青屋口加番小屋が配され、さらに本丸の北側、青屋口から京橋口の間には、山里加番小屋と京橋口定番屋敷が配されました。このうち、山里加番小屋だけが唯一、本丸に接した場所にありました。

大坂城周囲の屋敷

大坂城の周囲には、城代・定番・大番・加番のうち、参考8にみられるように城代や定番の屋敷、および定番支配下の与力同心の屋敷が置かれました。こうした城外の屋敷を描く図面は、城内よりも一層、資料が残されていないようです。ここで紹介する資料は、大坂城の南西と南側に位置する、城代に関係する屋敷となっています。

図9や図10は、いずれも城代の中屋敷と題された絵図で、先にみた城代上屋敷とは追手口を挟んですぐ近くに位置しています。この図によると、南北100間程、東西45間の広さと書かれており、4000坪以上の広大な敷地であったようです。南を農人橋筋に接したこの屋敷は、三郷町絵図や板行図などでは、中屋敷ではなく追手の御城代下屋敷などと表記されています。中央の書院のある建物のまわりには、家臣の居住する長屋が多く認められ、後年の天保期に作成された図10をみると、長屋を中心に増築した様子がうかがい知れます。屋敷内の北側には厩が設けられており、参考9では「拾六匹立厩」や「五匹立厩」などと規模について記されています。また、屋敷内の南側には50間程の長さの馬場や矢場もありました。それに屋敷の西や北辺が町屋と接していることが確認されます。こうした武家屋敷の中に町屋が入り込んでいる区画は、大坂城周囲のほかの武家屋敷にも共通しており、城下において武家地と町人地が厳密に分けられていないのは注目されます。

定番の下屋敷やその与力同心の屋敷は、城の西側から南西側にかけての京橋口付近と、城の北東側から南東側の玉造口付近に設けられました。その屋敷の構成は、城代屋敷に類するものでした。このほか、大坂城内の維持管理の実務を担当した六役のうち、鉄砲奉行・弓奉行・具足奉行・金奉行・蔵奉行や、町奉行の屋敷は、京橋口、つまり城の西側から南西側に配されており、それらの屋敷は役宅として、政務と生活とを兼ねた屋敷となっていました。また、六役のうち破損奉行の屋敷は、他の奉行屋敷と離れた淀川対岸の右岸に置かれ、材木蔵が隣接しました。

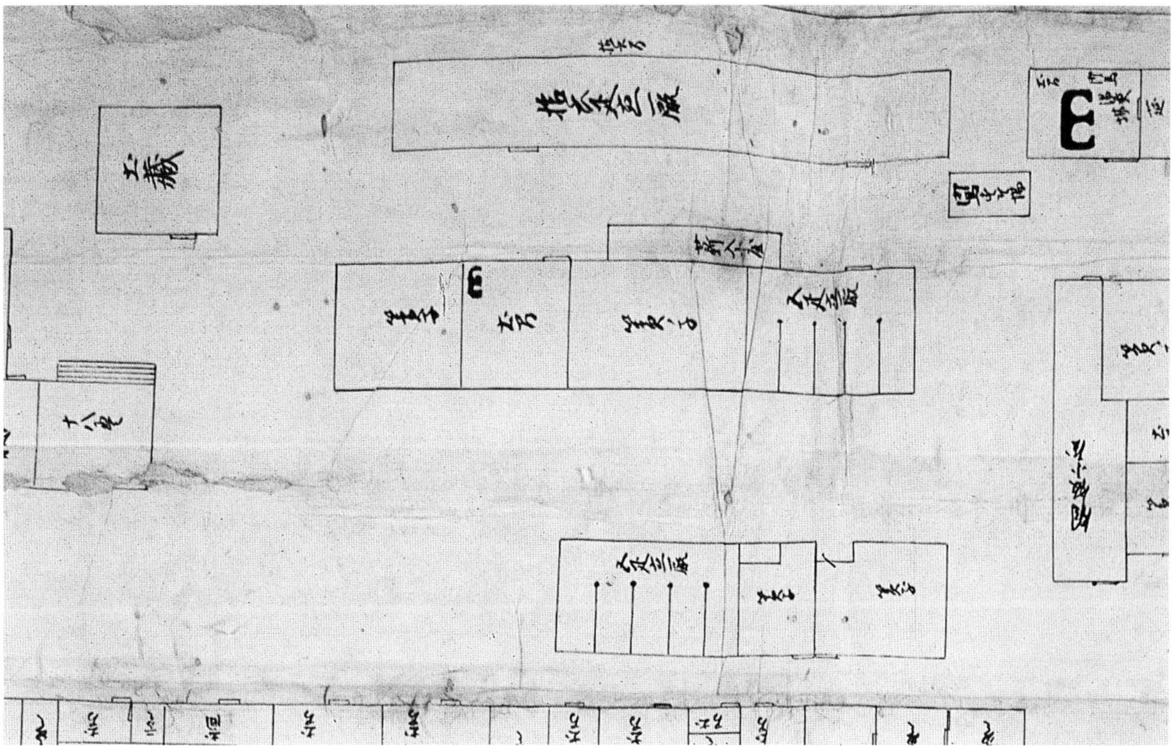

参考９「大坂農人橋筋御城代御中屋敷絵図」（図９）より北端の厩付近　陸奥国棚倉藩主阿部家資料　学習院大学史料館保管

一方、大坂町奉行付きの与力や同心の屋敷は、淀川右岸の天満に置かれました。天満橋を渡った街区の東端に与力、北端付近に与力や同心の屋敷が集中しています。与力の屋敷について『町奉行所旧記』によれば、「与力六拾人惣坪数三万坪、但壱人五百坪宛ニ候得共不同」とあり、広大な敷地に居住していたことが分かります[1]。大塩平八郎の役宅や私塾「洗心洞」もここ天満にありました。

これらの屋敷のいくつかは、近世を通じて設置場所が入れ替わることもありました。また、城代の中屋敷や下屋敷の呼称についても変動が認められます。これらについてはまだまだ不明な点が多く、今後検討しなければならない課題です。

屋敷の管理

大坂の武家屋敷は、城代や定番らの交代に従って、受け渡されました。彼ら藩主は、多くの家臣や家族を引き連れていたことから、屋敷の受け渡しや管理は重要な案件となりました。

城代が交代する際、関係資料の引き継ぎが行われました。そのなかには、政務資料とともに、屋敷に関わる図面も多数含まれています。引き継ぎ時の目録をみると、「大坂御城追手口御城代上屋敷絵図并建具類　壱箱」、「中屋敷・五軒屋敷・表七軒屋敷・裏七軒屋敷・千人引屋敷・十三軒屋敷・清水谷屋敷絵図　壱箱」、「下屋敷絵図　壱枚」といった記述が確認されます[2]。実際の屋敷の引き渡しでは、家臣らが破損役の立ち会いのもと、管理上、必要となる屋敷絵図や屋敷帳面、それぞれの鍵などを受け取りました。特に上屋敷については、建具帳も受け渡され、各部屋の畳や建具類まで引き継がれました。こうした官舎的な性格をおびた在坂役人の屋敷は、受け渡しの際、現状復帰を原則としていました。屋敷の修繕には、幕府の許可が必要とされており、特に上屋敷の営繕費用は幕府が負担していたようです。

このように屋敷の引き継ぎや入居を巡っては、必要性から多くの図面が作成されたと考えられますが、意外にも資料はあまり確認できません。ここで紹介する資料は、そうした数少ない絵図のうちの2点です。図11の「大坂御家中屋敷割図」は、1745（延享2）年11月から2年間、大坂城代を勤めた福山藩主阿部正福《まさよし》（1700-1769）の家臣達の屋敷の割付のために作成された図面を写したものと考えられます。その場所は、大坂城の南側に位置し、三郷町絵図や板行図では追手口の城代屋敷などと

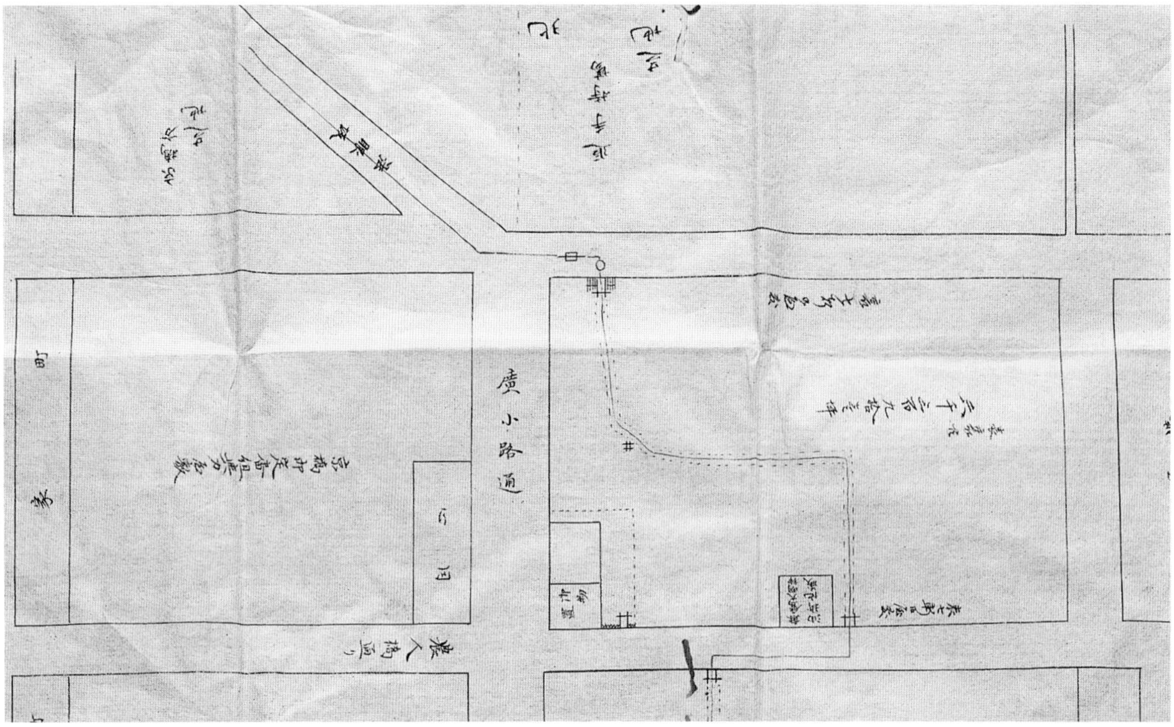

参考10　「大坂表裏七軒・広小路・寺山・十三小路・清水谷御屋敷之図」（図12）より七軒屋敷から法限坂へのルート　常陸国土浦土屋家文書 国文学研究資料館蔵

記された区画に相当します。図面の北東端の区画には「中屋敷」と書いており、先に見た農人橋筋の中屋敷にあたります。その東側に位置するのが表および裏五軒屋敷で、上級の家臣に割り当てられました。以下、七軒屋敷、地蔵小路、農人橋辺、広小路、蔵小路、産所小路、石小路、千人引、十三軒小路と、南端までの屋敷割が示されています。

図12の「大坂表裏七軒・広小路・寺山・十三小路・清水谷御屋敷之図」は、先の図とほぼ同じ場所を描いていますが、作成の目的は異なります。この図は屋敷の見分の際のルートマップとして作成されたもので、朱線で経路を、朱の丸と三角の記号で、駕篭の乗り降りの場所を示しています。どのような状況で見分が実施されたのか不明ですが、紙背に「御見分之節御先立御順路扣（ひかえ）」とあることから、事前に実施した見分であったようです。作成された時期は不明ですが、1850（嘉永3）年から城代を勤めた土屋寅直（1820-1895）に由来する資料です。ちなみに示されたルートは、上本町筋を南に下って十三小路屋敷を通り抜け、清水屋敷を巡った後に北上して寺山屋敷、広小路屋敷、七軒屋敷を通り抜け、法眼坂を上る路程となっています（図11も参照）。

また、図の中には各屋敷の敷地面積が記されており、表裏七軒屋敷が6391坪、広小路屋敷が10054坪、寺山屋敷が7434坪、十三小路屋敷が2661坪、清水谷屋敷が26871坪となっています。それぞれの場所の比定は今後の検討が必要ですが、城代の家臣団らの屋敷として広大な敷地が大坂城の南側に展開していたことが分かります。この図には各屋敷の用途に関わる記述もあり、馬場、畑地、井戸、風呂場などの記載が認められます。

こうした在坂役人の屋敷の管理は、基本的に持場担当者が管理し、特に屋敷の営繕などは「破損役」が担当しました。この役は、城代、定番、町奉行のそれぞれに置かれ、城代は家臣から、定番、町奉行は地付役人から選ばれました。彼らは、城代や定番の着任時に屋敷関係の文書類を引き継ぎ、その後の差配の任をも担いました。このほか、大坂には破損奉行もいました。彼らの大坂における武家屋敷の管理を担う役割については、まだまだ解明すべき点が多く残されています。

（渡辺理絵・鳴海邦匡）

1）大阪市史編纂所編（1994）『町奉行所旧記　上』大阪市資料調査会
2）大阪市史編纂所編（1994）『大坂御城代公用人諸事留書　下』大阪市資料調査会

参考11　幕末の大手口御門と多聞櫓
（湿板写真）
大阪城天守閣蔵

参考12　幕末の大坂城本丸東側の諸櫓
（湿板写真）
大阪城天守閣蔵

参考13　幕末の二の丸南仕切門と太鼓櫓
（湿板写真）
大阪城天守閣蔵

参考14 『保古帳』五より「ヲロシヤ国船之略図」 大阪府立中之島図書館蔵

(4) 大坂湾警備の展開

大坂湾警備のはじまり

堺ならびに和泉における海防の問題は、北方でのロシア船の来航が問題になった1791（寛政3）年以来、認識されるようになりました。そして、それは徐々に強化されていきます。1806（文化3）年、幕府は北方でのロシア船侵攻を背景に、「警衛之儀者弥厳重ニいたし、人数并武器之儀手當等是迄ヨリ者一段手厚く相心得、備之人数相増、鉄砲・石火矢等之員数」を書き出すようにと、所領内に海岸を持つ領主に命じます。幕府はそれだけロシア船への警戒を高めていたことになりますが、これに従って和泉浦におけるロシア船来航時の対応が確認されたのです。

幕府はロシア船への警戒をさらに強め、翌年にはロシア船打ち払いを命じます。1808（文化5）年3月、ロシア船の取り扱いについての書付を幕府は大名家に渡しましたが、その際、大坂城代松平乗保（1749-1826）は堺町奉行土屋廉直（1758-？）に、「和泉浦之儀者内海ニ而異国ヨリ直ニ渡来仕候地理ニ者有之間敷哉ニ候」と思うが、異国船の来航する可能性がある紀伊国と浦続きであるのでどう考えているのか、と伺っています。

この段階において大坂湾は「内海」であって、異国船の来航に直接関係する可能性は低いであろうと考えられていたようです。したがって、土屋廉直も「是迄之通、相心得」と返答し、現状維持で警戒にあたるようにと返答しています。幕府から従来とは異なるロシア船への打ち払いという軍事行動が示されたにも関わらず、「内海」意識を持っていたがために、新たな対策を講じるまでには至らなかったものと考えられます[1)]。

しかし、1808年8月の長崎におけるイギリス軍艦フェートン号の事件は、大坂湾警備のあり方に大きな影響を与えました。1809（文化6）年には、尼崎・高槻（摂津国八部郡・菟原郡・武庫郡・西成郡）、岸和田（摂津国住吉郡、和泉国大鳥郡・泉郡・南郡・岸和田）の諸大名家が非常時の持ち場を割り当てられることになり、ここに大名家が軍役を担う大坂湾警備の体制が、ここから始まることになります。

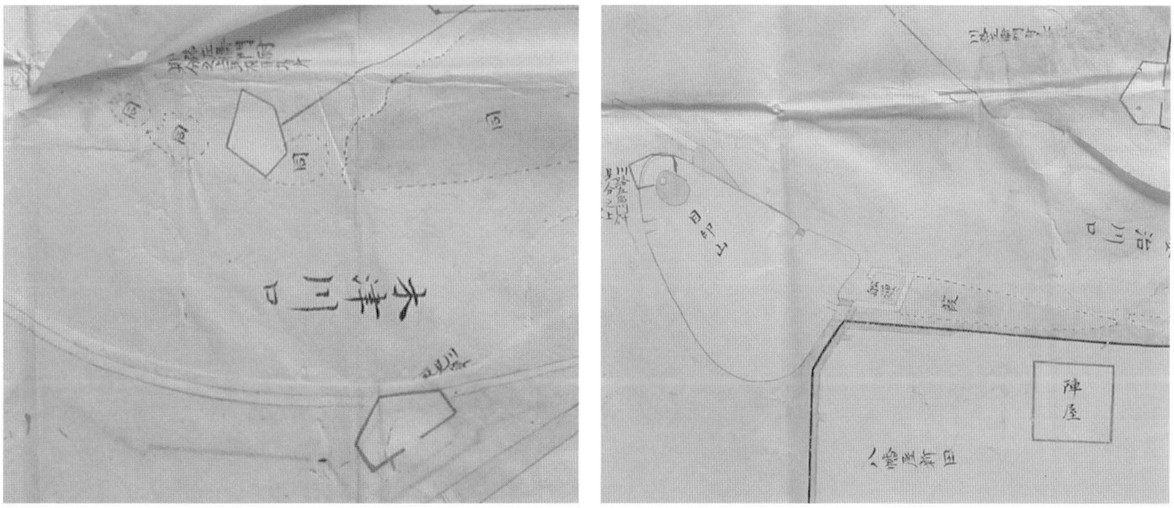

参考15 『木津川安治川海口御台場模様替之儀ニ付伺書類写』より「両川口御台場絵図」 常陸国土浦土屋家文書
国文学研究資料館蔵

プチャーチンの大坂来航と警備強化

文化・文政期、大名家の持ち場に変更がみられます。その後、川路聖謨（1801-1868）の大坂町奉行在職中、摂海防備計画がある程度は進められていましたが、具体的な強化策は打ち出されないまま、1854（安政元）年9月18日に至ります。京都の朝廷に圧力をかけて開港させるべく、プチャーチン（1803-1883）率いるロシア軍艦ディアナ号が天保山の沖に停泊したのです。図58「大阪湊口江異船舶来之図」はその時の様子を描いたものです。

このとき大坂城代土屋寅直（1820-1895）をはじめ、諸大名家の兵が天保山を中心にして警戒にあたります。その規模は、城代・定番の大名家を除いて93家にのぼり、1万4～5千人程が動員されました[2]（図52「大坂両川并最寄海岸諸家固場所絵図」）。この衝撃は、幕府、朝廷だけではなく市中にも伝わり、例えば、図60「富士の巻狩陣取の図」のように、船や警備の様子を描いた摺り物も出まわりました。同年10月に至り、ディアナ号は大坂を離れて下田に向かいますが、その後も暫く警備は継続されます。この事態によって、「内海」であってもロシア船が来航することが証明され、警備を指揮した土屋寅直も「御警衛向、誠ニ御手薄ニ而不行届」[3]であると認識しました。

その後、安治川・木津川の川口をはじめとして大坂湾の海岸に台場を建設する案など、具体的で現実的な警備体制が献策されます。1855（安政2）年には勘定奉行川路聖謨が安治川・木津川両河口を見分し、翌年には大坂城代に当地へ台場を築くように命じましたが、実行されませんでした（参考15）。

大坂湾近郊の警備が強化されるのは、1857（安政4）年4月28日に、高松藩に木津川河口、松江藩に安治川河口の台場警備が命じられた時でした。翌年6月には、日米修好通商条約締結による兵庫開港に伴い、江戸湾・大坂湾・京都警衛の大名配置替えが行われ、萩・岡山・鳥取・柳川・土佐・尼崎藩の六藩が大坂湾警備の任にあたることになります。図53の「大坂御固真図」は、1862（文久2）年閏8月から1863（文久3）年3月頃の警備を担う大名家の持ち場を示していますが、天保山を中心に西は兵庫、南は堺、北は京都という広範囲を描いています。

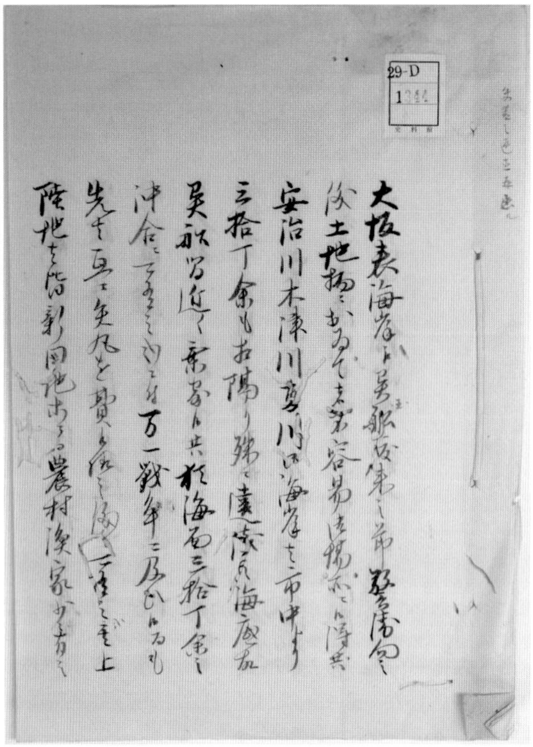

参考16　「大坂両川口其外御台場目論見案」より1丁表　常陸国土浦土屋家文書　国文学研究資料館蔵

将軍家茂の巡見と目印山御台場

1863（文久3）年4月、朝廷は、鳥取藩主池田慶徳《よしのり》（1837-1877）に摂海守備総督を命じました。一方、同年3月に上洛していた将軍家茂（1846-1866）は4月に大坂城に入り、大坂湾近郊の警備状況の巡見を行い、その結果を5月18日に朝廷へ奏上します。9月には、幕府が和歌山藩主徳川茂《もち》承《つぐ》（1844-1906）に大坂守衛および摂海防御の指揮を命じ、翌1864（元治元）年には再度家茂が孝明天皇（1831-1866）の命を受けて天保山を訪れ、一橋慶喜（1837-1913）に禁裏守護総督および摂海防御指揮を任じました。そして、まもなく目印山御台場築造が決まり、着工されたのです。家茂は、同年5月15日に幕府所有の諸船を天保山沖合に集合させて操練していますが、これは上記からもわかるように朝幕間の協調のうえに実現したものだったのです。（松尾晋一）

1)「異国船渡来之節堺浦并泉州筋海岸警衛向之儀ニ付奉伺候書付」 常陸国土浦土屋家文書742　国文学研究資料館蔵
2)『大日本古文書・幕末外国関係文書』第7巻、東京帝国大学文科大学史料編纂掛、1915年、238号
3)「大坂両川口其外御台場目論見案」 常陸国土浦土屋家文書1344　国文学研究資料館蔵など

［追記］脱稿後、『新修 大阪市史 資料編 第六巻　近世Ⅰ政治1』（大阪市、2007）に接した。内容と関連しており参照されたい。

参考17 「大阪実測図」より天保山付近 1886（明治19）年 大阪大学総合学術博物館蔵

コラム　発掘された城代家臣屋敷

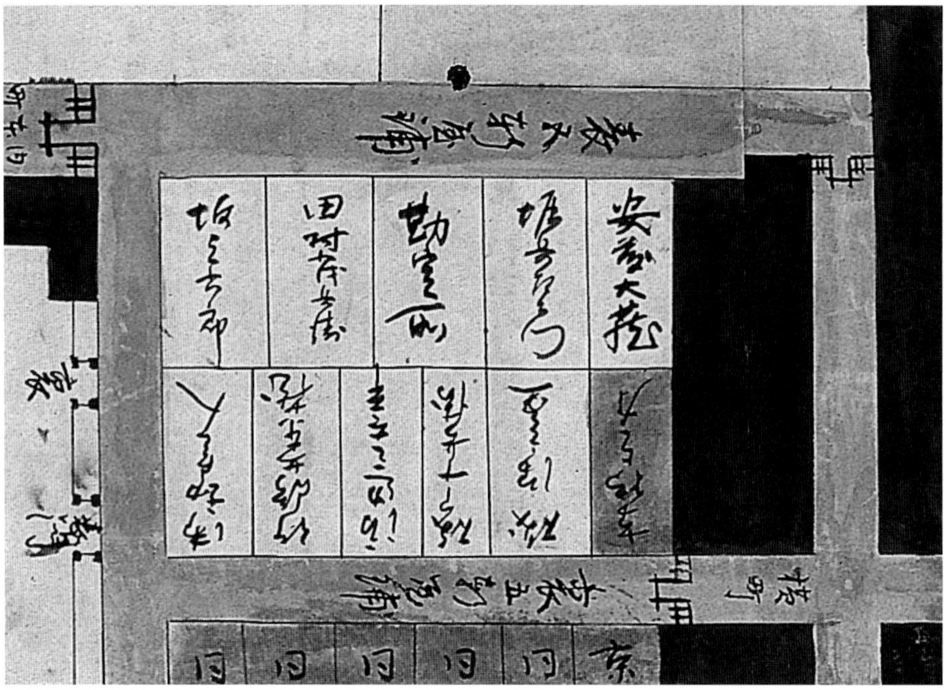

参考18 「大坂御家中屋敷割図」(図11)より五軒屋敷付近　1745(延享2)年頃　濱本鶴賓文庫　福山市立福山城博物館蔵

近世の大坂町絵図をみると、大坂城の西方・南方に武家屋敷の広がっていた様子がわかりますが、現在大阪歴史博物館が建つ中央区大手前4丁目の地もその一角にあたります。この場所は、当時の絵図では「御城代屋敷」「御家中屋敷」などと書かれており、早くより大坂城代の関係の土地であったことはわかっていました。また、文献史料ではここを「五軒屋敷」と称しており、その呼称に合致するように、この敷地が東西方向に五分割（裏屋敷は六分割）されていることを示す福山藩伝来の1745（延享2）年頃の「御家中屋敷割図」（図11）の存在がすでに知られていました。しかし、実際の土地利用のありかたや、ここでの武士の生活に関する具体的な情報はほとんど得られていませんでした。ところが、大阪歴史博物館建設に先立つ発掘調査の結果、武家屋敷跡が確認されるとともに多くの遺物が出土し、江戸時代の武家屋敷の姿とそこでの武士の暮らしぶりが一定程度復元できるようになりました。

明らかになったここの住人は穂積喜左衛門という武士でした。それを示してくれたのは「三州／吉田家中穂積喜左衛門□物」の墨書のある木札（図62）と、「天保四癸巳年六月　穂積」の墨書のある曲物（図63）です。これらにより、1833（天保4）年に穂積喜左衛門という人物がここに住んでいたことが確実となったわけですが、この人物は「吉田家中」とあることから三河吉田藩（愛知県豊橋市）の藩士であったことがわかります。当時の吉田藩主は松平伊豆守信順《のぶまさ》（1793-1844）でしたが、彼は1831-1834（天保2-5）年に大坂城代を勤めており、この墨書の年代はちょうどその期間にあたります。よって、穂積喜左衛門は藩主の大坂城代着任にともない、大坂へ来住してきた人物であったと推測されます。穂積喜左衛門は江戸屋敷勤務も経験した人物で、藩主を補佐する重要な立場にあった上級の家臣でした。大坂城にほど近いこの屋敷はそうした城代の重臣が住むにふさわしい場所であったといえます。

この遺跡から出土した遺物は、先の木製品のほか、時代・種類とも多岐にわたっています。陶磁器やおろし金などの食生活に関係するものもあれば、煙管や鏡、硯、小判の模造品、中国銭・寛永

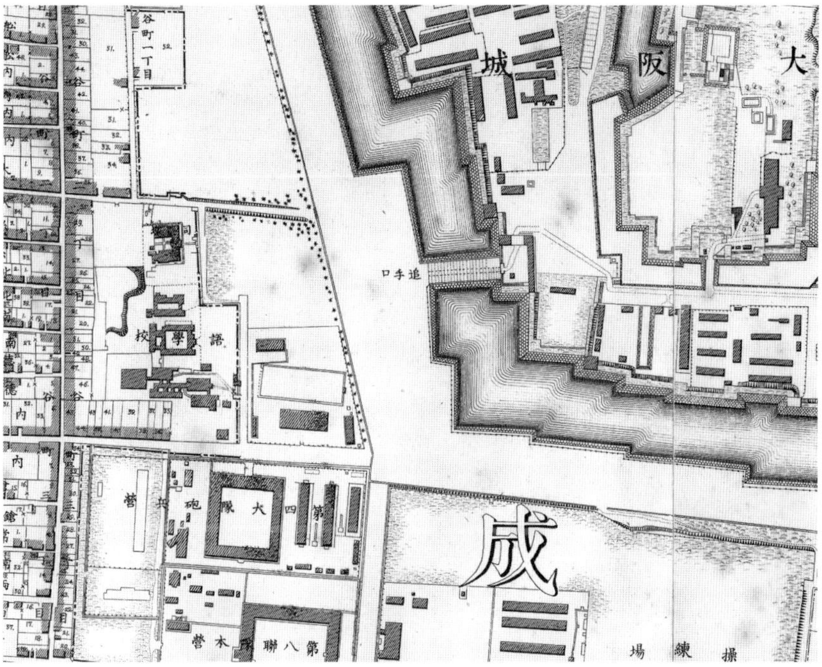

参考19 「大阪実測図」より大阪城南西部分（第四大隊砲兵営とある場所が五軒屋敷付近）
1886（明治19）年　大阪大学総合学術博物館蔵

通宝の銭貨類も確認されています。とりわけ穂積喜左衛門の時代のものとして注目されるのは、19世紀頃のガラス製品です。残念ながら完形品はありませんでしたが、15点の破片が確認されており、簪《かんざし》（図34）・簾《すだれ》？・根付・盃台・瓶・薬瓶？・ワインボトル（図33）の一部であったことがわかりました。製造地は日本のものもあれば中国と推測されるものもあり、ワインボトルにいたってはオランダ製と考えられています。城代家臣は思ったよりもハイカラな暮らしをおくっていたようです。

この地の利用の変遷もわかってきました。さきに述べたようにこの地は五軒屋敷と呼ばれていました。その範囲は、東を上町筋のほぼ東端、北を本町通りとし、大阪歴史博物館、NHK大阪放送会館、大阪家庭裁判所の立つ一帯に及びます。この屋敷地は本来南北に二分割、東西に五分割されており、本町通り側の一列を「表五軒屋敷」と称しました。穂積喜左衛門宅はその東端、つまりもっとも大坂城寄りの場所を占めていました。ところで、遺構を観察すると五軒屋敷は火災に遭っていることがわかりました。検出された建物は6棟でしたが、地中に埋められ便槽として使用されていた桶まですっかり焼け焦げていたのです。火災の年代としては、被災面の下層からは1835（天保6）年に初めて発行された天保通宝を模した土製品が出土したことや、古文書に残る火災の記録、その後の土地利用の状況などから、1863（文久3）年の大火と推定されています。ワインを嗜んだ穂積喜左衛門はこの時期、すでに大坂を去っているので難を逃れたでしょうが、それに代わって後の住人が被災したことになります。ではそれは誰だったのでしょうか。そこで1863年に大坂城代を勤めていた大名を確認すると、それは何と再び吉田藩主の松平信古《のぶひさ》（1829-1888）であることが判明しました。よって、この五軒屋敷の住人も信古に近い重臣たちだったことになります。残念ながら彼らの名は明らかではありませんが、奇しくも二度にわたる藩主の大坂城代就任に従って来坂した吉田藩の人びとによって、大坂の城代家臣屋敷の具体像がようやく明らかになってきました。

（大澤研一）

参考20　五軒屋敷調査現場
東西にならぶ五軒屋敷の中央区画で検出された建物址。
1863(文久3)年の火事で被災した痕跡が残る。
(上)：南から北をみる。上部の礎石は表五軒屋敷、下の礎石は裏五軒屋敷の建物のもの。
(下)：東から西をみる。裏五軒屋敷建物の礎石がみえる。

Ⅱ　武士の情報と生活

――武士と町人の接点――

大阪歴史博物館の建物全景

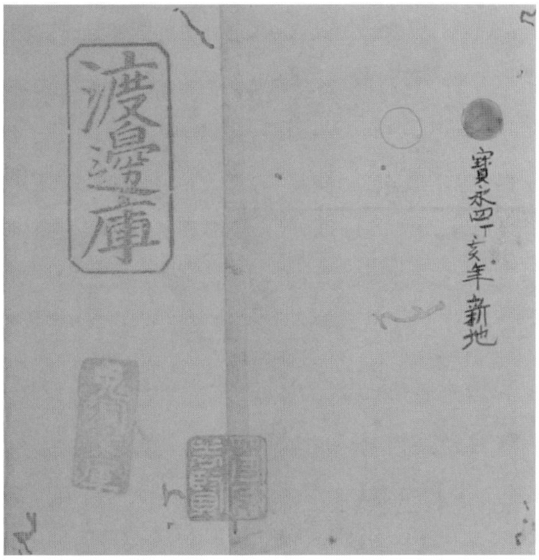

大阪歴史博物館所に所蔵される三郷町絵図「官正大坂図」（図４）に捺された３つの蔵書印

大阪歴史博物館にも、近世大坂の絵図資料が数多く所蔵されています。そうした資料群には、近世以降の収集家達の集めたコレクションが多く含まれています。右に掲げた絵図に捺された「渡辺庫」や「菅原吉賢」の印は、大阪天満宮の社家として18世紀中頃に活動した菅原吉賢によるもので、地図の収集家として知られた人物でした。また、「鬼洞文庫」の印は、昭和の大阪における郷土史家であった出口神暁によるもので、現代に至る地図の来歴を示しています。

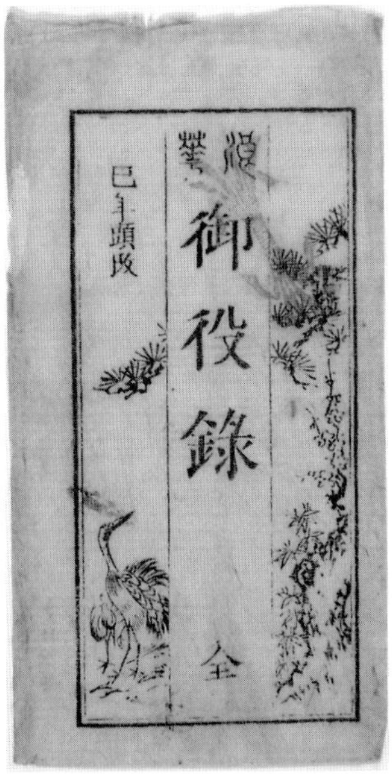

参考21　浪華御役録帯紙　1821（文政４）年頭改正　大阪歴史博物館蔵

(1) 武士の情報の出版

近世の大坂には町人が40万人ほどいたのに対し、武士は家族を含めても１万人に満たなかったといわれています。大坂の武士の大半は大坂城代が統括する定番・大番・加番以下の幕府諸役人とその下僚ですが、このほかにも幕府直轄地を支配する代官や、各藩の蔵屋敷に詰める武士などがいました。

武士情報の出版のはじまり

大坂の武士情報を載せる出版物は、1679（延宝７）年の『懐中難波雀』や『難波鶴』などの古版地誌がその始まりです。これらには市政・商工・芸能の情報とともに城代を初めとする在坂武士の役職と名前、蔵屋敷の場所と留守居などの情報を載せていました。

便覧的な地誌のなかに武鑑的要素を収めるという武士情報を載せる出版物の形態は、元禄年間から若干の修正を加えながら刊行された『摂州難波丸』、『国花万葉記』、『公私要覧』、『難波丸綱目』などに、掲載する情報を詳細にしながら継承されていきます。例えば1703（元禄16）年増補改訂の『公私要覧』や1748（延享５）年の『難波丸綱目』は、城代・定番・町奉行など主要な役人については家老や用人らの下僚名を記し、市政を担う町与力や同心については役宅の地図まで載せています。

やがて地誌類から武士情報を独立させて武鑑が出版されるようになり、江戸後期まで幾度か改訂が重ねられました。1728（享保13）年初出の『大坂袖鑑』、1745（延享２）年初出の『大坂武鑑』などがそれです（図55）。武鑑の刊行は大坂の武士情報への需要の高まりを示すものですが、これらは定期的には改訂されませんでした。人事情報を記す出版物は更新されなければ利用価値が激減します。そこで登場したのが『浪華御役録』という武鑑です。

『浪華御役録』について

『浪華御役録』は両面一枚摺（初期には片面二枚摺のものもある）の大坂武鑑で、大きさは縦約30cm、横幅は初期のものは約40cmほどでしたが後には約50～60cmと大きくなっています。これを縦二つ折り、横八つ折りにして帯紙で包むという軽便な形で流通しました。帯紙には隷書で「浪華」と割書し、下に「御役録　全」とあり、左上に「巳年頭改」（参考21）「丑八朔改」などと改板年代が記されています。

『浪華御役録』がいつ頃から発行されたかは不明ですが、『鬼洞文庫大阪関係資料版画・摺物目録』(1956)には城代が太田資晴(1695-1740、在任:1734(享保19)年9月25日～1740(元文5)年2月24日)の御役録が記されていますので、冊子本の武鑑とほぼ同時期に刊行が始まったと考えてよいでしょう。下限は1868(慶応4)年で、初期から寛政頃までは年1回、文化頃からは年頭と八朔の年2回発行されています。文政期以降発行のものには刊記があって開板年代や書林名が明確ですが、それ以前には刊記のないものがあります。その場合、改板年代は帯紙があれば判明しますが、失われていれば諸役人の在任期間などから推定するほかありません。板行については早くから神崎屋一統が独占していますが、その経緯やこの書林がどのようにしていち早く武士の人事情報を入手したのかは不明です。

『浪華御役録』の表面は、大坂城代・定番・大番・加番・目付・町奉行・船奉行・堺奉行のほか、破損奉行ら六役奉行・代官等の情報に加え、町奉行所の与力・同心の誰がどの役職に就いているか兼務状況を含めて記しています。初期は紙面を7段に区切って上3段に京都所司代などの情報をも収めていましたが、のち6段にして町与力・同心以外の上級武士の情報を上2段に圧縮し、3・4段を町与力、5・6段を同心の「役付」に充てています。裏面は天満と川崎に居住する町与力・同心の役宅を家紋付きで示す地図になっており、当主名と職務を継承する予定者があればその名前を併記しています。また、周辺には三郷惣年寄・惣代、過書・廻船年寄など町人の役職名簿を載せています。

このように『浪華御役録』は、大坂の民政の直接担当者である町与力と同心の情報に特化した、武鑑としては偏った構成になっていますが、このことはこの武鑑を必要とした者が大坂町人や周辺の村人たちであったことを物語っているものと思われます。残存する『浪華御役録』には帯紙の裏に公事宿の名前を記すものや、裏面の地図の人名に朱で幾つも目印をつけたもの(図57)など、流通や使用法について示唆に富むものがあります。

また年2回の頻度で発行されたことは、町与力や同心の人事異動が不定期かつ頻繁に行われ、その情報への速やかな対応を要求するほどの需要があったことを示しています。既に失われている場合が多いのですが、『浪華御役録』には欠員や必要が生じたときに臨時に任命される町与力や同心の「仮役」情報を別摺にしたものが貼り付けられているものも多く残っていて、書林の情報提供への徹底した対応ぶりを示しています。(相蘇一弘)

参考22 『緑顕集』の表紙　滋賀八コレクション　大阪大学大学院文学研究科蔵

(2) 町人による情報の収集

近世における出版文化の広がり

近世はわが国の出版文化が花開いた時代と呼ぶことができます。大坂は京都に近かったため、当初、大坂に関する内容の出版物も京都の本屋が刊行していましたが、1670年代から大坂の本屋による出版が本格的に始まりました。その頃の出版物としては俳書や浮世草子があげられます。特に後者は身近な世相に題材をとった井原西鶴による好色物・武家物・町人物が代表的作品でしたが、それらは町人たちの大きな共感を得て、爆発的人気を博しました。つまり、大坂の出版文化の成立・発展は町人という受容者の存在を抜きに語ることはできないのです。

その後、出版物のジャンルは増え続け、地誌・買物案内類、実用書、読本、洒落本、教訓物、学問書など書籍形態のものが多数刊行され、文化的生活を豊かにするとともに多くの情報が町人の手元に届けられました。そして、それらとともに町人たちの大きな情報源となったのが一枚摺物です。一枚摺物とは、35cm前後×45cm前後の紙の片面（まれに両面のものもあり）に木版摺りされた形態の出版物の総称です。内容的には事件・災害・珍談奇談などのトピックスの報道、諸番付（見立て番付を含む）、名所案内、引札（商店や商品の宣伝チラシ）、俳諧などの文芸関係、双六などの娯楽関係といった多種多様なものが含まれます。一枚摺物は近世中期以降、膨大な種類が刊行されており、その全貌はまったく掌握できないほどです。

前章で紹介された『浪華御役録』に象徴されるように、町人は自らの商売や暮らしに直結する情報については、特に熱心に収集に努めました。しかし、町人たちの関心はそうした側面にとどまらず、もっと広く世相や趣味に関することなど多岐にわたっており、収集された情報は単一なものではありません。

町人のスクラップブック――貼込帳――

集められた様々な大きさの一枚摺物の資料は、一冊の書冊にまとめられ、丁寧に製本されたこともありました。貼込帳などと呼ばれる形態の資料で、今でいうスクラップブックに相当するものです。様々な種類の摺物が貼り込められていますが、今回は、本書の内容に即して、武士の活動に関わる出来事の図を中心に選び掲載しています。

そうした当時の町人による情報収集の一端がうかがえる事例のひとつとして、大阪府立中之島図書館に収蔵されている「保古帖」があります。「保古帖」は一枚摺物を中心とした歴史資料の貼り交ぜ帖で（図60・61）、現在20帖が伝存し、そこには合計で千数百枚という膨大な数の摺物などが収録されています。「保古帖」は幕末に編集・収録されたもので、それに明治時代に古書商の鹿田静七が資料を追加して現在の姿となっています。大坂における一枚摺物の刊行状況を検討するうえでも貴重な資料群です。

町人の情報収集の具体像が知られるものに、難波屋（平野屋）の二代目武兵衛の手による書籍・一枚摺物のコレクション（大阪大学大学院文学研究科蔵）があります。武兵衛（1801-1879）は姓が難波で、父の初代武兵衛の時代に両替商である平野屋に仕え、その別家を許されました。しかし別家はせずに、本家の大番頭として活躍し、町人として余裕のある生活をおくっていました。武兵衛は芝居や人形浄瑠璃といった芸能を好んだためその方面の蔵書が豊富ですが、それに加えその晩年が幕末・維新期の大激動の時代であったため世相に対する関心を強く持っており、自らの日記に日々の見聞を詳しく書き留めています。

コレクションに含まれる薄本や一枚摺物を貼り交ぜた「番附帖」の存在もそうした武兵衛の関心や興味から生み出されたものといえます。「番附帖」は6帖が遺されており、それらには73枚、94枚、41枚、76枚、53枚、156枚の合計500点近くの一枚摺物、薄本が貼り込まれ、一大資料群となっています。

このうち「番附帖　禄」と名づけられた貼り込み帖には練り物番付や見世物案内、川浚え（図24）、各地の名所案内などが収められています。川浚えは大坂経済の低迷とパラレルな出来事で、この時期の大坂の世相を物語るものですし、また名所案内については、武兵衛が実際に旅行で訪れた先で８文～20文を支払って購入したものが含まれています。これらは武兵衛の旺盛な収集欲があってはじめて集められたものですが、注目すべきは武兵衛が単に収集に力を入れていただけではなく、それらをジャンル別に編集・整理している点です。この武兵衛の収集資料は大坂町人の情報収集と管理の実態を伝える重要な資料群といえます。

（大澤研一）

参考23　『浪花百景』より「天満ばし風景」（図27）と「あみ嶋風景」（図28）の接合　大阪歴史博物館蔵

(3) 武士と出会う場所

大坂のなかで武士の居住する地区は限られていました。上町台地の大坂城周辺、天満、そして中之島・堂島周辺の蔵屋敷地区です。そのため、武士の日常的な行動範囲は主としてその周辺と、それらを結ぶルート沿いの地域でした。したがって、町人が日頃武士を目にする機会の多かったのも、必然的にそうした場所であったことになります。

ところで、近世大坂の日常の光景を知ろうとする場合、有力な資料となりうるのが絵画作品です。そのなかでも、錦絵という量産品の版画にとりあげられた点景については、大坂人なら誰もが認める大坂を代表する光景であったとみて間違いありません。そう考えると、錦絵のなかで武士が登場するシーンは、そこが普段から武士を見かけることのできる場所であり、武士がそうした場を描く際の不可欠の構成要素として認められていたことを示すといえます。

幕末の大坂の点景100景を画題とした代表的な錦絵に「浪花百景」があります。これは安政年間（1854-1860）に大坂を代表する浮世絵師、歌川国員（一珠斎）・歌川芳瀧（一養斎）、歌川芳雪（南粋亭）の合作として制作されたものですが、そのなかの５場面に武士が目立って登場します。ここではそれをとりあげ、武士の存在が認識された場と時を考えてみましょう。

最初は、「あみ嶋風景」（図28）と「天満ばし風景」（図27）です。このふたつは「浪花百景」のなかでは別々の作品としてあつかわれていますが、絵そのものは連続しています（参考23）。この風景は大川に架かる天満橋上の通行人とその背景を西（海）側から描いており、「天満ばし風景」の右奥が大坂城、大坂城のすぐ下の橋が京橋です。そして「あみ嶋風景」の左にみえるのが天満です。この二枚の絵には、天満橋上を行き交う武士があわせて三名描かれています。二名は左（北）から右（南）へ、残る一名は反対方向へ歩いています。描かれた人物は全員で八名なので、そのなかで武士三名は決して少ない数ではないでしょう。それもそのはず、天満橋は武士がもっとも頻繁に目撃される場所のひとつであったのです。なぜなら、

参考24　幕末の中之島よりみた大坂城（湿板写真）　大阪城天守閣蔵

天満橋の東南に東奉行所があり、一方、天満橋を北へ越えた地域に町奉行の与力・同心屋敷が配置されていました。そのため、その間を行き来する武士は天満橋を通行するのが最短距離であったわけで、いわば通勤コースにあたっていたのです。また、破損奉行の屋敷も天満にありました。したがって、こうした光景が日々ごく普通にみられたということになります。

続けて「筋鐘御門」（図31）をとりあげます。城下町大坂のシンボル大坂城は、当然のことながら普段町人が自由に立ち入ることのできる場所ではありませんでした。したがって城の内部は一般向けの「浪花百景」の対象にはなりにくかったわけですが、唯一描かれたところが筋鐘御門でした。筋鐘御門とは大坂城三の丸の出入り口にあった門です。江戸時代の大坂城では、外堀と寝屋川（1704年の付け替え前は大和川）のあいだに三の丸が設定されており、筋鐘御門はその西側の出入り口にあたりました。この絵では中央左の門が筋鐘御門で、右の外堀を土橋で越えていった先にみえるのが京橋口です。この門が「浪花百景」にとりあげられたのは、４の日と９の日に限定されてはいたものの、それらの日にはこの門が開かれ、誰でも通行することができたためです。この門を抜け、さらに平野川に架かる鴫野橋を渡ると鴫野村への近道となり、同村にある弁財天への参詣がたやすくなりました。つまり、大坂の人々が実際に通行する機会が少なくないという点で、もっとも身近な大坂城の門であったわけです。この絵には武士はもちろん、大坂城を見上げる町人らしき人物も混じって描かれていますが、そうしたところに、両者の接点がみられる場としての筋鐘御門の特徴がうまく表現されているといえます。

次は「三大橋」（図29）と「玉江橋景」（図30）です。このふたつはともに大坂を代表する景観である橋を主題としています。三大橋とは大川に架かる天満橋・天神橋・難波橋のことをいいますが、これらは160ほどあった大坂の橋のなかでももっとも規模が大きく、かつ幕府の管理下にあった公儀橋でした。一方の玉江橋は堂島川に架けられており、堂島と中之島を結ぶ橋としてはもっとも西に位置する橋で、周辺の町が管理する町橋でした。さて、「三大橋」では難波橋を北に向かって渡る武士の行列が描かれていますし、「玉江橋景」でも北から南へ橋を越える行列とそれを見送る人々の姿が描写されている点で共通します。ちなみに後者の絵の中心にみえる塔は四天王寺の五重塔です。では、なぜこうした場所をこのような重々しい行列が通っているのでしょうか。それを考えるヒントは、これらの橋が堂島・中之島・天満という蔵屋敷地区に架けられている点にあります。蔵屋敷とは、主として領内で収穫された米や特産物を大坂で売却するために設置した経済拠点でしたが、一方で大坂城代や町奉行所との接触の窓口となったり、参勤交代途中の藩主の宿泊場所としても使われました。そのため、藩主が一時滞在できるよう御殿が備えられていたのです。蔵屋敷には各藩から藩士が派遣されてきており、大坂町人との接触も日々みられましたが、ここでの行列はそうした規模のものとは明らかに違っています。さきの蔵屋敷の機能を考えると、「浪花百景」の行列は参勤交代にかかわるものであった可能性が高いでしょう。難波橋北詰付近には佐伯藩や鍋島藩・弘前藩、玉江橋北詰付近には中津藩・人吉藩・臼杵藩などの蔵屋敷がありましたので、これらの藩の行列がこの地区を表現する際の一齣として認識されていたものと思われます。つまり、蔵屋敷という存在が、大坂の人々に武士の存在を認識させる媒体の役をつとめたといえるのです。

最後に別の錦絵「花暦浪花自慢」から「川崎東照宮　権現まつり」の場面（図32）をとりあげ、祭礼の側面から町人と武家社会の接点を考えてみます。天満には東照大権現（徳川家康）を祭神とする川崎東照宮がありました（現滝川小学校内）。これは松平忠明が1617（元和3）年に造営したもので、大坂が徳川幕府支配の重要拠点であったことを示すシンボルのひとつといえます。この川崎東照宮では4月と9月の17日に権現祭りがおこなわれました。特に4月17日は家康の忌日であったため特に盛大で、大坂三郷の各家の軒先には15日から5日間提灯の献灯が命ぜられました。東照宮は日頃一般の参詣は許されませんでしたが、この時ばかりは誰でも参詣することができたため、武士から庶民にいたるまで多くの人々が訪れました。こうした錦絵の存在は、徳川家康・徳川幕府の威光が知らず知らずのうちに浸透し、権現祭が大坂の代表的な祭礼のひとつとして定着していた様子を伝えています。（大澤研一）

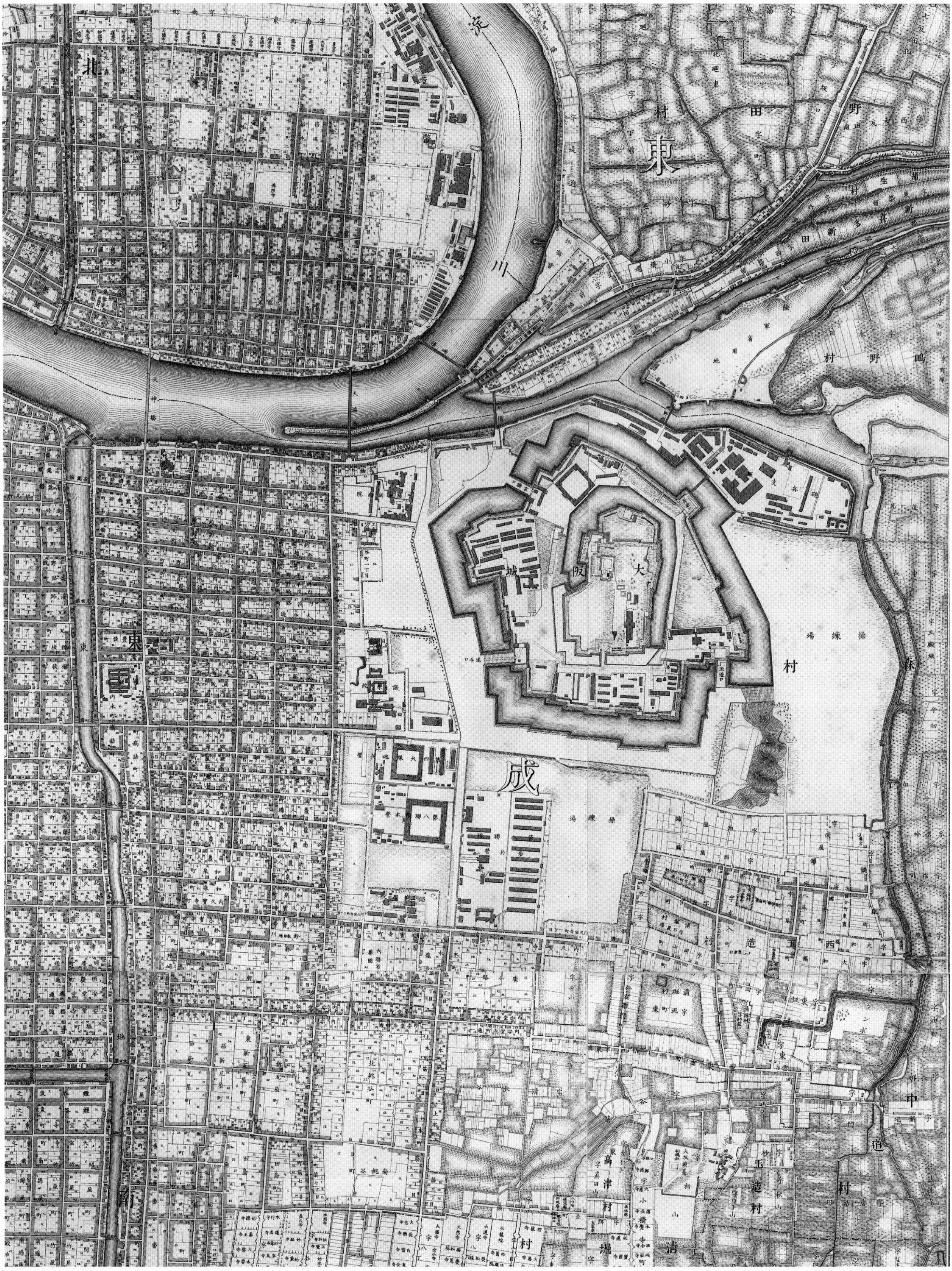

参考25 「大阪実測図」より大阪城周辺 1886（明治19）年 大阪大学総合学術博物館蔵

参考文献

市岡正一（1989）『徳川盛世録』平凡社

岩城卓二（2006）『近世畿内・近国支配の構造』柏書房

上田市立博物館編（1976）『信濃国上田 松平家文書目録』上田市立博物館

内田九州男（1980）「新出の寛永期大坂城図について」『大阪城天守閣紀要』8，4-13頁

有働賢造（1942）「将軍家茂の摂海巡視に就いて」『上方』133，10-13頁

大阪市港湾局編（1959）『大阪港史 第1巻』大阪市港湾局

大阪市史編纂所編（1994）『大阪市史史料第38輯 大坂御城代公用人諸事留書（上）』大阪市史料調査会

大阪市史編纂所編（1994）『大阪市史史料第39輯 大坂御城代公用人諸事留書（下）』大阪市史料調査会

大阪市史編纂所編（1994）『大阪市史史料第41輯 大坂町奉行所旧記（上）』大阪市史料調査会

大阪市文化財協会編（1992）『難波宮址の研究 第9（本文）』（財）大阪市文化財協会

大阪市立博物館編（1988）『天満まるかじり―その歴史と文化―』大阪市立博物館

大阪市立博物館編（1989）『なにわ出版事情』大阪市立博物館

大阪市立博物館編（1991）『大阪市立博物館館蔵品目録』大阪市立博物館

大阪市立博物館編（1998）『大阪市立博物館館蔵資料集25 近世大坂の災害関係資料 Ⅰ―火災―』大阪市立博物館

大阪城天守閣編（2002）『特別展 大坂再生―徳川幕府の大坂城再築と都市の復興―』大阪城天守閣特別事業委員会

大阪城天守閣編（2006）『徳川時代大坂城関係史料集第9号 大坂城代記録（一）』大阪城天守閣

大阪大学文学部日本史研究室編（1998）『難波屋（平野屋）史料目録』和泉書院

岡本良一責任編集（1985）『日本名城集成 大坂城』小学館

小野　清（1973）『大坂城誌 全』名著出版

学習院大学史料館（2001）『学習院大学史料館収蔵史料目録第17号 陸奥国棚倉藩主・華族 阿部家資料』学習院大学史料館

北川　央（2007）「大坂城と城下町大坂―豊臣から徳川へ―」（財）懐徳堂記念会編『大坂・近畿の城と町』和泉書院，109-165頁

黒羽兵治郎ほか編（1989）『大阪府史 第7巻』大阪府

古河歴史博物館編（1993）『鷹見家歴史資料目録』古河市教育委員会

史料館編（1969）『史料館所蔵史料目録 第15集』史料館

新修大阪市史編纂委員会編（1990）『新修大阪市史 第3巻』大阪市

新修大阪市史編纂委員会編（1990）『新修大阪市史 第4巻』大阪市

菅　良樹（2005）「慶応期の大坂定番について―本多忠鄰配下の地役・与力・同心および播磨国山崎藩家中の動向―」地方史研究55（1），18-41頁

谷口　昭（1995）「近世の領知法と家産官僚―転封史料を素材として―」『名城法学』45（2），361-401頁

塚田　孝（2002）『歴史のなかの大坂』岩波書店

出口神暁編（1956）『鬼洞文庫大阪関係史料版画・摺物目録』和泉文化研究会

富善一敏（2000）「大坂城代交代時の文書の引き継ぎについて」記録史料研究会代表・菅原憲二編『記録史料と日本近世史』千葉大学大学院社会文化科学研究科，33-45頁

永埜啓子（2001）「近世後期における姫路藩酒井家の家中屋敷地・居宅の再編成策について」『姫路市立城郭研究』10，39-60頁

鳴海邦匡（2006）「近世の大阪の地図に関するノート」『待兼山論叢』40（日本学篇），13-33頁

福島県立博物館編（2001）『企画展　武者たちが通る―行列絵図の世界―展示解説図録』福島県立博物館

原　剛（1988）『幕末海防史の研究』名著出版

針谷武志（1999）「安政―文久期の京都・大坂湾警衛問題について」明治維新史学会編『明治維新と西洋国際社会』吉川弘文館，62-91頁

松尾美恵子（1982）「大坂加番の一年―「豊城加番手控」より―」『大阪春秋』34，48-51頁

松尾美恵子（1983）「近世末期大坂加番役の実態―三河田原藩を例に」『徳川林政史研究所研究紀要』昭和57年度，

253-283頁
松岡利郎（1988）『大坂城の歴史と構造』名著出版
豆谷浩之（1992）「文献資料からみた大坂城代家臣屋敷」大阪市文化財協会編『難波宮址の研究　第9本文』大阪市文化財協会，407-416頁
丸山雍成（2007）『参勤交代』吉川弘文館
南　秀雄（1990）「大坂城代家臣屋敷の調査」『葦火』25，4-6頁
宮地正人（1993）「幕末旗本用人論—江戸都市論に旗本社会をどう組み込むか—」福地惇・佐々木隆編『明治日本の政治家群像』吉川弘文館，2-27頁
宮本裕次（2002）「大坂定番制の成立と展開」『大阪城天守閣紀要』30，2-12頁
宮本又次（1977）『てんま—風土記大阪—』大阪天満宮
村田路人（2007）「江戸時代の大坂城—どのようにして城は維持されたのか—」（財）懐徳堂記念会編『大坂・近畿の城と町』和泉書院，69-108頁
明治大学図書館編（1965）『明治大学所蔵 内藤家文書目録』明治大学図書館
森　毅（1989）「江戸時代城代家臣屋敷出土の墨書木製品」『葦火』20，6-7頁
藪田　貫（2006）「「「武士の町」大坂」という問い」『歴史評論』676，41-52頁
矢守一彦（1984）『古地図と風景』筑摩書房
横田冬彦（1999）「「非領国」における譜代大名」『地域史研究 尼崎市立地域研究史料館紀要』29（2），46-73頁
脇田　修（1995）『平野屋武兵衛、幕末の大坂を走る』角川書店
渡邊忠司（2005）『大坂町奉行と支配所・支配国』東方出版

図版リスト

「資料名」年　所蔵　大きさ（cm）
の順に表示した。

カラー図版

図1 「新板大坂之図」 1671（寛文11）年　大阪歴史博物館　94.7×58.7

図2 「新撰増補大坂大絵図」 1687（貞享4）年　大阪歴史博物館　136.6×118.6

図3 「大坂町中並村々絵図」 承応—寛文（1652-1673）頃　国立国会図書館　391×384

図4 「官正大坂図」 江戸時代中期　大阪歴史博物館　107.8×97.7

図5 「大坂御絵図」 承応—明暦（1652-1658）頃　国立国会図書館　437×500

図6 「大坂城絵図」 寛政（1789-1801）年間　大阪城天守閣　202.0×222.5

図7 「大坂城図」 宝暦（1751-1764）年間　大阪歴史博物館　113.0×93.8

図8 「大坂城代上屋敷絵図」 江戸時代後期　大阪城天守閣　148.2×114.9

図9 「大坂農人橋筋御城代御中屋敷絵図」 江戸時代中期　陸奥国棚倉藩主阿部家史料　学習院大学史料館保管　122.4×48.0

図10 「御城代御中屋敷絵図」 1831（天保2）年　鷹見家歴史資料　古河歴史博物館　155.5×62.6

図11 「大坂御家中屋敷割図」 1745（延享2）年頃　濱本鶴賓文庫　福山市立福山城博物館　109.5×72.0

図12 「大坂表裏七軒・広小路・寺山・十三小路・清水谷御屋敷之図」 安政（1854-1860）頃か　常陸国土浦土屋家文書　国文学研究資料館　82.1×40.9

図13 「七日市藩主大坂登城行列図」 1832（天保3）年12月　群馬県立歴史博物館　26.9×2250.0

図14 「大坂御城御加番御交代節大手固行列之絵図」 1713（正徳3）年8月　大阪歴史博物館　72.4×51.1

図15 「松平忠優大坂入城行列図」（3巻）のうち第1巻　1845（弘化2）年　稲垣文書　上田市立博物館　14.2×1032.0

図16 『大坂諸絵図』より「四　御城代屋敷書院小書院絵図」 羽間文庫　大阪歴史博物館　31.8×44.7

図17 『大坂諸絵図』より「十七　御老中大阪西番頭小屋江御立寄之節大書院絵図」 羽間文庫　大阪歴史博物館　31.6×21.5

図18 『大坂諸絵図』より「廿四　大阪跡登番頭従追手交代之節絵図」 羽間文庫　大阪歴史博物館　31.2×43.2

図19 『大坂諸絵図』より「廿五　跡登番頭追手従御門交代之図」 羽間文庫　大阪歴史博物館　44.6×31.8

図20 「天保山裾地図」 1831（天保2）年頃か　大阪歴史博物館　81.3×122.0

図21 「内密奉言上候警衛手配并海底浅深川幅測量之図」 安政（1854-1860）頃か　常陸国土浦土屋家文書　国文学研究資料館　69×79

図22 『似芝戯画集』より「浪花天保山風景」（歌川貞升） 1831（天保2）年以降　難波家（平野屋）資料　大阪大学大学院文学研究科

図23 『緑顕集』より「大坂大火」 1834（天保5）年　滋賀八コレクション　大阪大学大学院文学研究科

図24 『番附帖　禄』より「大阪安治川口大湊市中御加勢図」（保之門人保丸） 1831（天保2）年以降　難波家（平野屋）資料　大阪大学大学院文学研究科

図25 『番附帖　禄』より「摂陽大阪安治川口諸廻船目印山細見」（秋田雄山） 1834（天保5）年　難波家（平野屋）資料　大阪大学大学院文学研究科

図26 『番附帖　禄』より「天満堀川通水之絵図」（小倉釆沖） 1838（天保9）年頃　難波家（平野屋）資料　大阪大学大学院文学研究科

図27 『浪花百景』より「天満ばし風景」 安政（1854-1860）頃　大阪歴史博物館

図28 『浪花百景』より「あみ嶋風景」 安政（1854-1860）頃　大阪歴史博物館

図29 『浪花百景』より「三大橋」 安政（1854-1860）頃　大阪歴史博物館

図30 『浪花百景』より「玉江橋景」 安政（1854-1860）頃　大阪歴史博物館

図31 『浪花百景』より「筋鐘御門」 安政（1854-1860）頃　大阪歴史博物館

図32 『花暦浪花自慢』より「川崎東照宮　権現まつり」 大阪歴史博物館

図33 『五軒屋敷出土遺物』よりガラス製品（ワインボトルなど） 1831-1834（天保2-5）年頃 （財）大阪市文化財協会保管

図34 『五軒屋敷出土遺物』よりガラス製品（簪など） 1831-1834（天保2-5）年頃 （財）大阪市文化財協会保管

モノクロ図版

図35 「就大坂御番御上道中行列」 1654（承応3）年8月 内藤家文書 明治大学博物館

図36 「午九月十二日 大坂御着座町宿割」 1654（承応3）年9月12日 内藤家文書 明治大学博物館

図37 「浪花於御本丸御打毬並乗馬上覧之図」 1865（慶応元）年8月22日 内藤家文書 明治大学博物館 58.0×28.0

図38 『大坂諸絵図』より「廿六 先番頭従玉造御門交代之図」 羽間文庫 大阪歴史博物館 44.5×31.8

図39 『大坂諸絵図』より「卅一 元日御城代両番所江御出之節席順此度松平右京大夫殿御差図有之候通之絵図」 羽間文庫 大阪歴史博物館 44.7×31.8

図40 『大坂諸絵図』より「一 先番頭大坂着之当日 御城入之画図」 大阪府立中之島図書館 27.9×40.3

図41 『大坂諸絵図』より「九 天王寺拝礼之図」 大阪府立中之島図書館 28.0×40.6

図42 『大坂諸絵図』より「二十七 御城之絵図」 大阪府立中之島図書館 28.0×40.2

図43 『大坂諸絵図』より「三十八 文化四丁卯年二月廿二日 於御黒書院不時御礼之節在番御暇御目上被 仰付候之絵図」 1807（文化4）年 大阪府立中之島図書館 27.7×40.4

図44 『大坂諸絵図』より「四十一 建国寺拝礼絵図」 大阪府立中之島図書館 38.0×40.2

図45 『大坂諸絵図』より「四十七 八月五日仮御城入之節東小屋座席心得絵図」 大阪府立中之島図書館 28.0×39.7

図46 『目印山御家御人数小屋・南北諸家陣所絵図』より「御家御人数小屋絵図」 1855（安政2）年か 常陸国土浦土屋家文書 国文学研究資料館 80.0×27.9（＋27.5×7.7）

図47 『目印山御家御人数小屋・南北諸家陣所絵図』より「南北諸家陣所絵図」 1855（安政2）年か 常陸国土浦土屋家文書 国文学研究資料館 80.0×55.0

図48 『目印山御家御人数小屋・南北諸家陣所絵図』より「南北諸家陣所絵図」 1855（安政2）年か 常陸国土浦土屋家文書 国文学研究資料館 28.0×40.2

図49 『増田作右衛門差出候両川口絵図写二枚』より「木津川口絵図」 1854（嘉永7）年 常陸国土浦土屋家文書 国文学研究資料館 31.8×42.0

図50 「安治川口木津川口御台場地割之図」 1855（安政2）年か 常陸国土浦土屋家文書 国文学研究資料館 74.8×148.0

図51 「目印山御台場之図」 1864（元治元）年頃か 常陸国土浦土屋家文書 国文学研究資料館 28.0×40.0

図52 「大坂両川并最寄海岸諸家固場所絵図」 1854（嘉永7）年 大阪府立中之島図書館 64.8×47.1

図53 「大坂御固真図」 1862-1863（文久2-3）年頃か 大阪府立中之島図書館 34.9×47.6

図54 「難波丸綱目」 1777（安永6）年版 大阪歴史博物館

図55 「大坂袖鑑」 天保（1830-1844）年間 大阪歴史博物館

図56 「浪華御役録」 1799-1800（寛政11-12）年 大阪歴史博物館

図57 「浪華御役録」 1824（文政7）年12月 大阪歴史博物館

図58 『緑顕集』より「大阪湊口江異船舶来之図」 1854（嘉永7）年頃 滋賀八コレクション 大阪大学大学院文学研究科

図59 『番附帖 禄』より「安治川口築立地面図」（南宝斎） 1831（天保2）年頃 難波家（平野屋）資料 大阪大学大学院文学研究科

図60 『保古帖』五より「富士の巻狩陣取の図」 1854（嘉永7）年以降 大阪府立中之島図書館

図61 『保古帖』九より「火事之時加勢出申絵図」 大阪府立中之島図書館

図62 『五軒屋敷出土遺物』より木札「三州／吉田家中穂積喜左衛門□物」 1831-1834（天保2-5）年頃 （財）大阪市文化財協会保管 35.2×9.3

図63 『五軒屋敷出土遺物』より曲物「天保四癸巳年六月 穂積」 1833（天保4）年6月 （財）大阪市文化財協会保管

あとがき

本書の内容は、大阪大学総合学術博物館・大阪歴史博物館連携企画「特集展示　城下町大坂」（大阪歴史博物館特集展示室において2008年2月20日～3月31日開催）をもとに作られています（展示品以外の資料も収録）。この展示は、大阪大学総合学術博物館にとって特別展（第2回）と位置付けられるもので、以下に示す経緯を経て企画されました。

この特別展（第2回）は、2005年の秋頃、本書の編集を担当する小林茂（大阪大学大学院文学研究科教授／人文地理学）、鳴海邦匡（大阪大学総合学術博物館助教／歴史地理学）により、プランが考えられはじめました。当初企画したプランは、大阪で作成された絵図・地図を体系的にみていくことを目的とし、近世から現代に至る様々な場面で作成された大阪ならではの絵図・地図を紹介するというものでした。例えば、ヨハネス・デ・レーケによる近代の淀川や大阪港の図、現代の千里ニュータウンの開発図といった資料も大阪を代表する地図であると考えました。

その後、検討をすすめていく過程で、近世における行政用の手書きの絵図に焦点を合わせていくようになっていきます。その契機のひとつが、大坂三郷町絵図と総称される絵図群の存在でした。これまでの近世大坂における絵図の研究は、板行の大坂図を中心に展開してきました。木版で印刷され市中に流通した都市図です。それに対し、大坂三郷町絵図は主として行政用の地図として作成された手書きの大坂図で、学術的に貴重な資料と考えられるものの、これまでまとまった研究はありませんでした。こうした経緯もあって、特別展のテーマが定まっていくこととなりました。

2006年の初め頃、本書のもう一人の編者である大澤研一（大阪歴史博物館学芸員／日本史）を通じて大阪歴史博物館との「城下町大坂」展の共催を模索し始めました。双方で協議を重ねた結果、この展示は大阪歴史博物館の特集展示の一環として開催することになりました。また、この議論の過程で、城下町大坂における武士の活動を、地図という資料を通じてみていくという本書のアイデアが形作られていくこととなります。

そのきっかけのひとつが、富善一敏氏（東京大学大学院経済学研究科・特任講師）による「大坂城代交代時の文書の引き継ぎについて」（出典は参考文献に紹介）という論文にありました。そこでは、城代を勤めた譜代大名土屋家文書の分析を通じて、「城代引継文書」という枠組みを提示し、大坂城での政務活動を行ううえで必要とされた資料のまとまりが示されました。こうした引継資料に関心を寄せる過程で、近世の大坂城に勤務した譜代大名や旗本らの残した資料の存在に注目していくこととなります。そのような伝来資料の中には、多くの地図資料が含まれており、確認された地図の内容に従って本書の構成が定まっていきました。こうして定まったプランに対して、大澤研一は、主に大阪歴史博物館に所蔵される資料を活用しながら、肉付けを行ってきました。それは、大坂の錦絵に描かれた武士の姿、出土遺物からみられる武士の生活など、展示プランの内容を実り豊かにするものでした。

他方、小林茂は、福岡など外様大名の城下町に関する絵図（主として屋敷割図）のような絵図が大坂ではみあたらず、絵図や地図の体系が異なることに気づきました。そして、そのちがいに関する研究の必要性を感じはじめました。

このような近世大坂城での活動をしるした資料は、資料伝来の経緯から、むしろ大阪以外の地域に残されています。そのため今回実施した調査では、阿部家資料（学習院大学史料館）、松平乗全文書（東京大学史料編纂所）、内藤家文書（明治大学博物館）、水野家文書（首都大学東京図書情報センター）、鷹見家歴史資料（古河歴史博物館）、土屋家文書（国文学研究資料館）、秋田家史料（東北大学付属図書館）、松平家文書（上田市立博物館）といった大名家やその周辺の家に残された大坂勤務時代の資料が主な対象となりました（調査実施順）。

数少ないながらも残された資料の何れもが興味深い資料でしたが、次の資料について特に強い関心を抱きました。それは、「大坂諸絵図」と称された、城代などの儀礼や巡視における席次や順路などを示す図面です。本書でも数多く触れている資料ですが、その理解が本企画の骨子を作ることになったからです。また、貼込帳にみられる資料蒐集の仕方にも強く関心を引かれました。企画の立案当初では、大阪大学大学院文学研究科に数多く所蔵されている貼込帳に貼られた刷物の地図から大きな示唆を得ることとなったためです。

本書の内容はまだまだ未成熟なものであり、多くの課題を残しています。今後も継続して調査を行い、少しでも残された課題を明らかにしていきたいと考えています。

また、本書の編集に際しては、大阪大学出版会　川上展代氏のご助力を得ました。

なお、本企画をすすめるにあたっては、稲熊めぐみ（大阪大学文学部・非常勤職員）、後藤敦史（大阪大学大学院文学研究科・院）、立野康志郎（同・院）、廣川和花（大阪大学総合学術博物館・研究支援推進員）、三木和美（大阪大学大学院文学研究科・院）各氏の協力を得ました（五十音順）。記して感謝いたします。

2007年12月6日

編者を代表して
鳴海邦匡

編集担当

鳴海邦匡　甲南大学文学部・准教授
　　　　　（元 大阪大学総合学術博物館・助教）
大澤研一　大阪歴史博物館・学芸員
小林　茂　大阪大学大学院文学研究科・教授

執筆（五十音順）

相蘇一弘　大阪歴史博物館・学芸顧問
大澤研一　大阪歴史博物館・学芸員
小林　茂　大阪大学大学院文学研究科・教授
鳴海邦匡　甲南大学文学部・准教授
　　　　　（元 大阪大学総合学術博物館・助教）
松尾晋一　県立長崎シーボルト大学・講師
渡辺理絵　日本学術振興会特別研究員（PD）・筑波大学

大阪大学総合学術博物館叢書　3

城下町大坂
——絵図・地図からみた武士の姿——

2008年2月20日　初版第1刷発行　［検印廃止］
2008年9月1日　初版第2刷発行

監　修　大阪大学総合学術博物館
　　　　大阪歴史博物館

発行所　大阪大学出版会
　　　　代表者　鷲田清一

〒565-0871　吹田市山田丘2-7
　　　　　　大阪大学ウエストフロント
電話・FAX　06-6877-1614
URL : http://www.osaka-up.or.jp

デザイン・組版　（株）桜風舎
印刷・製本　　　（株）太洋社

ISBN978-4-87259-213-9

大阪大学総合学術博物館叢書について

大阪大学総合学術博物館は、二〇〇二年に設立されました。設置目的のひとつに、学内各部局に収集・保管されている標本資料類の一元的な保管整理と、その再活用が挙げられています。本叢書は、その目的にそって、データベース化や整理、再活用をすすめた学内の標本資料類の公開と、それに基づく学内外の研究者の研究成果の公表のために刊行するものです。本叢書の出版が、阪大所蔵資料の学術的価値の向上に寄与することを願っています。

大阪大学総合学術博物館

大阪大学総合学術博物館叢書・既刊〔A4判・定価二一〇〇円〕

◆1 扇のなかの中世都市――光円寺所蔵「月次風俗図扇面流し屏風」 泉 万里

◆2 武家屋敷の春と秋――萬徳寺所蔵「武家邸内図屏風」 泉 万里